DER SAALAFFE

Sagen aus Halle und Umgebung

Ausgewählt und neu erzählt
von
Manfred Lemmer

VEB Postreiter-Verlag Halle

Mit Illustrationen von Dieter Gilfert

Die Vignette auf dem Haupttitel
ist dem ältesten Stadtsiegel von Halle nachgebildet.

ISBN 3-7421-0284-2

Wißt ihr wohl, wo Halle liegt?
Halle liegt im Tale.
Da sind schöne Jungfraun drin
Und Nixen in der Saale.

(alter Studentenspruch)

DIE ENTDECKUNG DER SALZQUELLEN ZU HALLE

Vor undenklichen Zeiten hütete einmal ein Schweinehirt seine Herde an der Stelle, wo später, etwa am heutigen Hallmarkt in Halle, die Salzkoten* der Halloren standen. Es herrschte hochsommerliche Hitze, und so wälzte sich eine Sau, die Abkühlung suchte, in einer Wasserlache. Als sie von der Sonne wieder trocken geworden war, glitzerten an ihren Borsten lauter kleine Kristalle. Als das der Schweinehirt bemerkte, leckte er verwundert daran und stellte fest, daß es sich dabei um Salz handelte. Das meldete er den Bewohnern der Ansiedlung, und sie begannen zu graben. Da sprudelte ihnen noch mehr Sole entgegen, und so führte dieser Fund dazu, daß Halle durch das Salz allmählich zu Reichtum und Wohlstand kam.

* Siehe Worterklärungen von S. 151 bis S. 153

FÜRST NUSITOS LETZTER KAMPF

Vor langer langer Zeit soll auf der Peißnitzinsel die Burg des Slawenfürsten Nusito gestanden haben. Er hatte den Franken, die unter Karl dem Großen in unser Gebiet vorgedrungen waren, schon manchen harten Kampf geliefert, aber ein dauerhafter Sieg über die Eroberer war ihm nicht beschieden gewesen. Da rief Nusito seine heidnischen Götter an und gelobte ihnen, wenn sie ihm Kampfglück schenkten, ihnen das erste zu opfern, was ihm bei der Heimkehr an seinem Hofe begegnen würde.

Die Götter erhörten ihn, er konnte die Feinde siegreich abwehren. Als er nun mit seinen Kriegern in seine Burg einzog, eilte ihm seine Tochter voller Freude entgegen, und sie war das erste, was Nusito vor Augen kam. Damit hatte sie sich zum Opfer der Götter bestimmt.

Der Fürst war entsetzt, denn diese Tochter war das letzte seiner Kinder, das ihm noch geblieben war, nachdem alle seine Söhne in den Kämpfen gegen die Franken den Tod gefunden hatten.

Er kniete nieder und flehte in diesem großen Schmerz die Götter und das Volk um Gnade und Erbarmen an. Aber das Gelübde mußte gehalten werden.

Schon bereitete man das heilige Opfer vor. Zu Füßen des Felsens in der Nähe der Burg war ein den Göttern geweihter Hain, und hier stand auch ein großer Opferstein.

Die Jungfrau wurde in ein langes weißes Gewand gekleidet, ihr Haar wurde mit Blumen geschmückt, und so geleitete sie der Oberpriester an der Spitze des Gefolges dorthin, wo sie den Göttern geopfert werden sollte.

»Empfangt, was euch gelobt worden«, sprach er, und damit stieß er der Jungfrau ein Schwert in die Brust. Das herausströmende Blut wurde in einer Opferschale aufgefangen.

Kurze Zeit danach griffen die Franken erneut an. Fürst Nusito kämpfte wie ein Löwe. Aber man sah, daß der leidgeprüfte Mann den Tod suchte, und den fand er dann auch. Seine heidnischen Götter waren ihm gnädig; sie ersparten ihm dadurch das neue Leid, die Niederlage und den Untergang seines Volkes erleben zu müssen.

DIE ENTSTEHUNG DER STADT HALLE

Jahrhunderte hindurch hatte man in der Ansiedlung, die später den Namen Halle trug, schon Salz gewonnen, und die Salzsieder waren zu einem stattlichen Völkchen herangewachsen.

Da breitete sich eines Tages die Kunde aus, daß ein mächtiger Kaiser mit Heeresmacht heranrücke und die Gebiete bis zur Saale in seine Gewalt bringen wolle. Dieser Herrscher war Karl der Große.

Es dauerte auch nicht lange, da stand der Kaiser mit seinem Heer vor der Siedlung Halla.

Die Salzsieder warfen sich ihm zu Füßen und baten um Gnade. Sie wurde ihnen gewährt, und sie durften sich von dem Eroberer sogar etwas ausbitten. Da baten sie um die Erlaubnis, ihre Koten mit einer Mauer zu umgeben und eine Stadt gründen zu dürfen, denn es käme oft vor, daß ihnen

geraubt würde, was sie durch mühsame Arbeit erworben hätten.

Der Kaiser betrachtete die Salzsieder in ihren verrußten und zerlumpten Arbeitskitteln verwundert von oben bis unten und fragte schließlich: »Ja, woher wollt ihr denn die Mittel nehmen, um Mauern und Türme für eure Stadt zu bauen? Wollt ihr etwa eure Lumpen verkaufen?«

Sie aber antworteten in ihrer Mundart:

»Han mer hüte water und holt,
so han mer morne silber und gold.«

»Wohlan«, sprach der Kaiser, »so baut euch eure Stadt aus Wasser und Holz.« Und lachend fügte er hinzu: »Laßt euch Mond und Sterne dabei leuchten.«

Die Salzsieder gingen nun tüchtig ans Werk, arbeiteten Tag und Nacht, und in der Tat mußten ihnen Mond und Sterne oft genug dazu Licht spenden.

Als endlich in einer Nacht der letzte Stein der Stadtbefestigung gesetzt war, schauten alle voller Freude zum Himmel auf, an dem das erste Viertel des Mondes und die Sterne zu sehen waren. Da gelobten sie, aus Dankbarkeit für deren Dienst Mond und Sterne an ihren Stadttoren anzubringen und sie für alle Zeit in das Wappen ihrer Stadt aufzunehmen, und das ist bis zum heutigen Tage so geblieben.

DIE ERRICHTUNG DES METERITZBRUNNENS

Im Hochzeitszimmer des alten Talamtes, das jetzt in der Moritzburg-Galerie zu sehen ist, befindet sich an der Decke das Bild eines Mädchens, von dem die Sage geht, es habe den Brunnen in der Meteritzstraße gestiftet.

Um das Salzwerk in Halle zu höherer Blüte zu bringen,

soll sich diese Jungfrau im Jahre 803 den Männern feilgeboten haben, und als sie damit genug Geld verdient hatte, habe sie dieses den Halloren zur Verfügung gestellt, damit sie davon einen neuen Brunnen bohren und dadurch mehr Salz gewinnen konnten.

DER GUTJAHRBRUNNEN

Einer der hallischen Salzbrunnen – er ist noch heute in der Oleariusstraße Nr. 9 zu sehen – heißt der Gutjahrbrunnen. An seiner Stelle soll vor undenklichen Zeiten eine Wiese gewesen sein, auf der vom Frühjahr bis zum Herbst die Hirten ihre Herden weideten. Einem dieser Hirten träumte eines Nachts, er liege auf dieser Wiese, und obgleich es Frühling war, sei alles um ihn herum verdorrt, die Blätter seien von den Bäumen gefallen und Schnee sei niedergegangen. Nur die Stelle, auf der er lag, sei verschont geblieben und habe weiter gegrünt und geblüht.

Das träumte er auch in den beiden folgenden Nächten,

nur daß ihm in der dritten Nacht eine Stimme wie aus der Tiefe zurief: »Erlöse mich, so will ich dich reich belohnen!« Und dazu strahlte ein Stern von wunderbarer Helligkeit vom Himmel herab.

Da er sich nicht erklären konnte, was das zu bedeuten habe, ging er zu den heidnischen Priestern auf den Kröllwitzer Ochsenberg und fragte sie um Rat.

Sie sprachen, er solle zur Zeit des nächsten Vollmondes vor Sonnenaufgang einen Wacholderzweig schneiden, wieder zu ihnen kommen, diesen Zweig in das Blut des Opferstiers tauchen, um sich dadurch vor bösen Geistern zu schützen, und dann warten, bis der Winter seinen Einzug hielte. Es werde dann, wenn der erste Schnee gefallen sei, eine Stelle auf der Wiese davon unbedeckt bleiben, drei Schuh lang und drei Schuh breit. In deren Mitte solle er ein Loch von drei Schuh Tiefe graben und das Wacholderreis hineinlegen. Danach werde er einen großen Schatz finden.

Lange mußte der Hirte warten, bis sich diese Verheißung erfüllte. Schon war die Wintersonnenwende vorüber, als er in einer Nacht wiederum nach der vorausgesagten Erscheinung Ausschau hielt.

Da bemerkte er den hellen Stern, den er in der dritten Traumnacht gesehen hatte, und zugleich fielen aus dem wolkenlosen Himmel unzählige kleine weiße Sternchen wie Kristalle auf die Wiese herab. Nur eine Stelle blieb frei. Dorthin ging der Hirte und grub seinen Wacholderzweig in die Erde.

Kaum hatte dieser die Erde berührt, stieg Dampf auf, Wasser begann zu brodeln, und schließlich flammte ein Feuer empor. Dann erschien eine wunderschöne Jungfrau mit einem goldenen Diadem im Haar. Sie sprach zu ihm: »Ich war Jahrhunderte durch zwei grimme Riesen gefesselt und mußte ihnen dienen. Du hast mich erlöst, und zum Dank schenke ich dir diese Quelle, die fortan hier sprudelt. Sie enthält etwas

Kostbares, das dir und deinen Nachkommen zu großem Reichtum verhilft, solange ihr treu und ehrlich Nutzen daraus zieht. Sollte das aber nicht der Fall sein, wird der Born versiegen.«

Der Hirte war, von der Erscheinung geblendet, zu Boden gestürzt, und als er sich wieder erhob, war sie verschwunden. An der Stelle aber, wo die Nymphe gestanden hatte, sprudelte wirklich eine Quelle, und bald erkannte der Hirte, daß sie Sole spendete.

Dies aber geschah in derselben Nacht, da zu Bethlehem Jesus Christus geboren wurde, und weil die Quelle in diesem Jahr des Heils entstanden war, nannte man sie bald den Gutjahrbrunnen.

DER GEPRELLTE TEUFEL

An mehreren Stellen der Stadt Halle lagen früher große Steine, so an der Brunoswarte, in der Neumarktsiedlung oder vor dem Hamstertor. Die hatte der Teufel in seiner Wut dorthin geschleudert, und das kam so.

Als im Mittelalter die Stadt erweitert wurde, mußten auch neue Mauern, Türme, Wälle und Gräben entstehen, um die Stadt vor den Feinden zu schützen. Als man die Stadtbefestigung nach Süden in der Nähe des Rannischen Tores schließen wollte, ging das Geld für den Bau aus, und guter Rat war teuer.

Da bot sich der Teufel als Helfer in der Not an. Er versprach, die fehlenden Teile der Stadtmauer binnen drei Tagen zu erstellen. Als Lohn forderte er zwei Kinder, deren Namen er nannte.

Das erschien den Ratsherren unannehmbar. Man bot Luzifer anderes als Lohn an, aber der wich keinen Fußbreit von seiner Bedingung ab. Schließlich wandte man sich an den Bruder Anselmus, der an der Spitze des hallischen Franziskanerklosters stand. Dieser riet zum Entsetzen aller, dem Teufel die beiden Kinder zuzusagen, jedoch unter der strengen Bedingung, daß er die gesetzte Frist für den Bau genau einhalte. »Alles andere laßt mich machen«, fügte der Abt lächelnd hinzu.

Der Teufel ging auf den Handel ein. Jede Nacht, vom letzten Hahnenschrei des Abends bis zum ersten am Morgen – das ist nämlich die einzige Zeit, zu der der Teufel bauen darf, – schleppte er eifrig Steine heran, die sich von selbst zur Mauer fügten. Am Morgen konnten die Bürger Halles dann immer sehen, wie weit das Werk über Nacht vorangekommen war, und da wurde ihnen angst und bange bei dem Gedanken, daß der Teufel den Vertrag erfüllen und den vereinbarten Lohn einfordern könnte.

Aber Bruder Anselmus ließ den Teufel schuften und bewahrte ruhig Blut, denn er wußte wohl, wie er ihn überlisten konnte.

In seinem Kloster hatte er nämlich einen Hahn so dressiert, daß der immer dann krähte, wenn der Abt es wollte. Mit Hilfe dieses Tieres weckte Anselmus seine Brüder in der Nacht, wenn sie zu den Gebetsstunden in die Kirche mußten.

Als die dritte Nacht, in der der Teufel arbeitete, sich ihrem

Ende zuneigte, nahm der Abt seinen Hahn unter den Arm und stieg mit ihm auf die Hausmannstürme. Von dort aus konnte er gut beobachten, wie weit der Teufel war. Als dieser mit den Schlußsteinen ankam und seinem Ziel, die vereinbarte Bauzeit streng einzuhalten, schon ganz nahe war, ließ Anselmus seinen Hahn krähen, und kaum hatte der damit angefangen, so stimmten alle Hähne der Stadt in den Weckruf ein. Damit hatte der Teufel den Handel verloren, denn er konnte die Bedingung nicht erfüllen, mit dem Bau beim ersten Hahnenschrei fertig zu sein.

Aus Zorn und Wut darüber, daß er um seinen Lohn betrogen worden war, schleuderte der Teufel die Steine, die er nicht mehr verbauen konnte, in die Stadt hinein, wo sie mit großem Getöse niedergingen und die Bürger erschrocken aus den Betten springen ließen, weil sie nicht anders dachten, als die Welt gehe unter.

DER ESEL, DER AUF ROSEN GEHT

An drei Stellen der Stadt Halle kann man die Gestalt eines Müllerburschen bildlich dargestellt sehen, der einen mit Säkken beladenen Esel führt, und beide gehen sie auf Rosen. Am bekanntesten sind die beiden vom Brunnen auf dem Alten Markt, aber ihr Bildnis findet sich auch an der Ostseite der Marktkirche neben dem nördlichen Hausmannsturm und

an der Außenwand des Hauses Klement-Gottwald-Straße 102. Von diesem Wahrzeichen der Stadt erzählt man sich das:

Vor Zeiten wollte Kaiser Otto der Stadt einen Besuch abstatten. Man erwartete seinen Einzug von Beesen her durch das Rannische Tor, das am jetzigen Franckeplatz lag.

Um den Kaiser zu ehren, hatte man den Weg mit Blumen bestreut, vor allem mit Rosen, denn es war Juni.

Nun führte aber zu dieser Zeit die Saale gerade Hochwasser, denn es hatte zuvor gewaltige Regenfälle gegeben. Darum mußte der Kaiser einen anderen Weg nehmen. Er kam über die Hohe Brücke und ritt durch das Schiefertor in die Stadt ein. Durch das Rannische Tor aber kam auf der rosenbestreuten Straße anstelle des Kaisers ein Müllerbursche aus Böllberg mit seinem bepackten Esel daher. Dieses Ereignis soll den Hallensern so viel Spaß gemacht haben, daß sie die Erinnerung daran zu bewahren suchten, indem sie die beiden zu einem ihrer städtischen Wahrzeichen machten.

Die Geschichte wird aber auch noch anders erzählt. Danach soll der Erzbischof von Magdeburg, der seinen Sommersitz auf der Burg Giebichenstein hatte, der neugegründeten Stadt Halle einmal einen Besuch abgestattet haben. Um den geistlichen Herrn, der die Genehmigung zum Stadtbau erteilt hatte, würdig zu empfangen, war groß und klein auf den Beinen. Als besondere Ehrung für den Erzbischof hatte man Rosen auf den Weg gestreut, den er bei seinem Einzug in die Stadt nehmen mußte.

Nun drängte sich zu seinem Empfang aber eine solche Menschenmenge, daß man den Besucher kaum sehen konnte. Um dem abzuhelfen, bot man dem Stadtherrn einen Esel an, und auf ihm reitend konnte er von allen betrachtet werden.

Dadurch aber schritt nun nicht mehr der geistliche Herr über die ausgestreuten Rosen, sondern ein Esel.

DER SAALAFFE

Vor dem alten Klaustor an der Straße, die nach Mansfeld führte, stand einst die Hohe Brücke. An der Stromseite eines ihrer steinernen Pfeiler befand sich zwei Ellen über dem mittleren Wasserstand der Saale ein Bildnis, das den Namen »der Saalaffe« hatte. Es stellte ein Larvengesicht dar, das sich mit den Zeige- und Mittelfingern beider Hände den Mund breitzog, wie es beim Gesichterschneiden zuweilen heute noch gemacht wird.

Mit dem Bilde, das sich heute im hallischen Heimatmuseum befindet, soll es folgende Bewandtnis haben.

Als beim Bau der Brücke der alte Saalnix, dem das Werk ein Dorn im Auge war, jede Nacht erbost das wieder einriß, was die Bauleute am Tage geschaffen hatten, entschloß man sich endlich auf den Rat eines Priesters, in den Brückenpfeiler eine Reliquie einzumauern. Das Mittel half; der Nix ließ nicht nur von seinem Zerstörungswerk ab, sondern man fand ihn am Morgen auch versteinert am Ufer liegen. Sogleich mauerte man das Gesicht des zu Stein gewordenen Wassergeistes zur Abschreckung für seinesgleichen am Brückenpfeiler ein.

Andere freilich wollen wissen, der Nix habe, als er durch die Reliquie daran gehindert worden war, das Tagewerk der Bauleute nächtens wieder einzureißen, am Morgen erzürnt auf der Wiese gesessen und habe den Männern in seiner Wut eine Fratze geschnitten. Diese hätten das Schmollgesicht dann in Stein gehauen und am Brückenpfeiler angebracht.

VON DEN HALLORENSCHWERTERN

Im Besitz der Salzwirkerbrüderschaft zu Halle befinden sich noch heute acht große Schwerter, sogenannte Bidenhänder. Ursprünglich sollen es sogar zwölf gewesen sein, und es wird erzählt, daß sie aus der Zeit Karls des Großen stammen.

Damals schickten die Halloren zwölf ihrer Talbrüder als Kriegsaufgebot zum Kaiser. Diese Männer waren größer als alle anderen Krieger, und deshalb wurden sie »die Riesen« genannt. Entsprechend groß waren ihre Schwerter. Sie maßen viereinhalb Ellen, und man konnte sie nur schwingen, wenn man sie mit beiden Händen faßte.

Weil sich die zwölf Halloren aber im Kampfe sehr tapfer gehalten hatten, zeigte sich ihnen der Kaiser nach Friedensschluß besonders gnädig. Er schenkte ihnen zum Andenken das Pferd, auf dem er selbst gekämpft hatte, und dazu eine Fahne. Er bestimmte ferner, daß jeder seiner Nachfolger auf dem Thron den Halloren, nachdem sie dem neuen Herrscher gehuldigt hatten, ein Roß, das der Landesherr selbst geritten, und eine Fahne schenken solle, weil die Salzwirker so verläßliche Leute seien. Die Fahnen, heißt es, sollen die Talbrüder früher alle in der Moritzkirche aufbewahrt haben, und es seien dreiunddreißig gewesen.

Das Pferd wurde in preußischer Zeit aber immer nur bis zum ersten Pfingstbier nach Thronbesteigung und Huldigung gehalten und danach verkauft. Der Erlös floß in das Säckel der Brüderschaft.

VOM GRABGELEIT DER HALLOREN

Es ist noch gar nicht lange her, da konnte man im hallischen Stadtbild regelmäßig Halloren in ihrer historischen Tracht sehen, wenn sie zu einem der Friedhöfe gingen oder von dort kamen. Die Halloren hatten nämlich ein Ehrenrecht, in Halle die Verstorbenen zu Grabe zu tragen, und das soll so gekommen sein.

Vor Zeiten ging einmal ein Hallore zur Kirche. Auf dem Wege dahin bemerkte er, daß ein feiner blauer Rauch vor ihm herschwebte und schließlich in einem Kellerloch nahe der Kirche verschwand.

Er war neugierig, was es damit wohl auf sich habe, und er beschloß, der Sache nach dem Gottesdienst auf den Grund zu gehen. Darum verstopfte er das Loch einstweilen mit einem Sacktuch. Nach der Predigt zog er es wieder heraus und wollte in die Kelleröffnung hineinschauen. Aber da fuhr ihm der blaue Rauch ins Gesicht. Er sank um und war auf der Stelle tot.

Kurz darauf brach eine furchtbare Pestepidemie über die Stadt herein, und bis auf acht Halloren starben alle Einwohner Halles. Die Überlebenden aber begruben alle Toten, und deshalb wurden sie fortan die »acht bösen Männer« genannt.

Unter den Halloren wird es aber anders erzählt:

Als die verheerende Pest über die Stadt hereinbrach und alles von Angst und Schrecken erfüllt wurde, bangte ein

junger Hallore namens Max Riemer um sein geliebtes Mädchen. Mehrmals am Tage schaute er nach ihr, ob sich die Seuche schon bis in das Viertel verbreitet hatte, in dem sie wohnte. Die Siedlung der Halloren, die Halle, war von der Seuche bislang noch verschont geblieben.

Als der junge Mann eines Abends von seiner Braut kam, stieß er in der Dunkelheit nicht weit vor ihrem Hause auf einen Pesttoten. Da durchzuckte ihn der Gedanke, sein Mädchen könnte davon angesteckt werden. Kurz entschlossen hob er die Leiche auf und trug sie weg. Dasselbe tat er mit einer zweiten am Wege. Beide legte er von der Wohnung seines Mädchens entfernt nieder.

Am Morgen war er entschlossen, den Kampf gegen die Pest auf seine Weise aufzunehmen. Er suchte sich Helfer, um die Toten aus der Stadt wegzuschaffen, damit sie andere nicht anstecken könnten.

Als seine Talbrüder sahen, daß er trotz der Berührung mit den Pestopfern selbst nicht erkrankte, fanden sie Mut, traten ihm zur Seite und trugen die Toten aus der Stadt hinaus.

Zwar starben auch einige Halloren an der Seuche, aber sie erreichten, daß der »schwarze Tod« bald den Rückzug antrat und die Stadt pestfrei wurde. Seit dieser Zeit haben die Talbrüder als Auszeichnung für ihren mutigen Einsatz zum Wohle der Stadt das Privileg, die Toten in Halle zur letzten Ruhe zu geleiten.

DIE »PFÄNNERHÖHE«

Im Süden Halles, unweit des Rannischen Platzes, heißt seit 1866 eine Straße die Pfännerhöhe.

Nach uralter Überlieferung sollen sich auf diesem hohen Hügel über der Stadt einst die Pfänner, die Besitzer der Salzpfannen um den Hallmarkt, versammelt haben, um Gericht zu halten.

Hier mußte jeder neue Pfänner oder Salzjunker vor der gesamten Pfännerschaft einen feierlichen Eid schwören, die strengen Gesetze einzuhalten, die sich bei der Bewirtschaftung der Salzbrunnen im Tal zu Halle herausgebildet hatten.

Niemandem durfte er die Geheimnisse der Salzgewinnung verraten. Jedes Vergehen wurde mit schwerer Geldbuße geahndet.

Wenn aber einer gar Salz veruntreute oder aus dem Born mehr Sole zum Versieden entnahm, als jedem einzelnen zustand, so wurde er ohne Gnade vom Leben zum Tode befördert.

DER HALLORE IN DER SIEDEPFANNE

Im Jahre 1224 soll ein Hallore von bitterer Reue über seine Sünden erfüllt gewesen sein, und der Gedanke peinigte ihn, dereinst ewig in der Hölle dafür leiden zu müssen. Die Angst davor verließ ihn nicht mehr.

Eines Tages, als er wieder in trüber Stimmung dasaß, sah er plötzlich Männer in weißen Gewändern auf sich zukommen. Sie fragten ihn, warum er denn so traurig sei, und er erzählte ihnen von seinen Befürchtungen.

»Dir kann geholfen werden«, sprachen sie, »wenn du Gott durch ein Opfer versöhnst. Du mußt dich in eine Pfanne mit siedender Sole stürzen und deinen sündigen Leib auf diese Weise martern. Das wird Gott gnädig stimmen.«

Der Salzsieder paßte nun auf eine Gelegenheit, diesen Rat in die Tat umzusetzen; aber er war nie allein und konnte sie daher nicht ausführen.

Da erschienen die Männer in den weißen Gewändern abermals und mahnten ihn, sein Vorhaben auszuführen.

»Wenn du sterben solltest«, sprachen sie, »ohne Gott dieses Opfer gebracht zu haben, wirst du auf ewig verdammt sein.«

Das trieb den Halloren an, und bald fand er Gelegenheit, sich in eine Pfanne mit siedender Sole zu stürzen.

Als kurz darauf einer seiner Talbrüder kam und ihn in der Pfanne entdeckte, zog er ihn heraus.

Er hatte schwerste Verbrennungen am ganzen Körper, konnte kaum noch etwas sehen und gar nicht mehr schlukken. Aber sprechen konnte er noch.

Man holte schnell einen Priester, weil man glaubte, daß der Verunglückte nicht mehr lange leben könne.

Dem Geistlichen gestand der Hallore, daß er sich freiwillig in die siedende Pfanne gestürzt habe, und er mußte sich deswegen argen Tadel gefallen lassen. »Kein Mensch hat das Recht«, wurde ihm vorgehalten, »sich selbst zu töten. Gott hat dir dein Leben geschenkt, und er wird es dir auch wieder nehmen, wenn es ihm gefällt. Mit dieser Tat hast du neue schwere Sünde auf dich geladen. Nur durch Beichte und Reue kannst du deiner Sünden ledig werden.«

Dazu war der Hallore dann auch bereit. Das Abendmahl, das ihm gereicht werden sollte, konnte er freilich nicht neh-

men, da er wegen seiner geschwollenen Kehle nicht schlucken konnte. So bat er den Priester darum, die Hostie, die den Leib des Herrn darstellt, nur mit seinen Fingerspitzen berühren zu dürfen.

Noch während das geschah, fragte der Hallore den Priester plötzlich, ob er denn nichts höre. *Er* höre Weinen aus der Tiefe, und es scheine ihm, als seien es die Stimmen der Männer mit den weißen Gewändern, die ihm den Rat erteilt hatten, sich in die Siedepfanne zu stürzen. Aber der Priester vernahm davon nichts.

Nachdem der Salzsieder wiederholt den Namen des Herrn angerufen und ihn um Gnade und Barmherzigkeit für seine Seele angefleht hatte, starb er und erhielt ein christliches Begräbnis.

DER KÖNIGLICHE HUT

Bis ins 18. Jahrhundert soll sich in der Brüderschaftslade der Halloren ein kostbarer Hut aus rotem Samt, mit einer goldenen Schnur geziert, befunden haben. Man erzählt, daß er aus dem Dreißigjährigen Krieg stamme.

Damals – es war im Jahre 1631 – hatte sich der Schwedenkönig Gustav Adolf mit seiner Armee in Halle einquartiert. Eines Tages ritt der Feldherr einmal vor die Stadt in Richtung Eisleben. In der Nähe der Hohen Brücke begegnete ihm ein Hallore, der aus seinem Hut Weintrauben aß.

Der König hielt sein Roß an und fragte den Mann, was er denn da esse.

»Weimern«, war die Antwort.

Da Gustav Adolf aber die hallische Aussprache für »Weinbeeren« nicht verstand, forderte er den Halloren auf, ihm seinen Hut zu reichen. Der König nahm ihn und aß im Weiterreiten von den Weintrauben.

Da fürchtete der Hallore um seinen Hut, lief hinter dem König her und rief: »Majeschtät, mei Hut!«

»Ach was«, erwiderte Gustav Adolf, »hier hast du meinen.« Und damit warf er dem Talbruder seinen prächtigen Hut zu und ritt davon. Der Hallore aber gab das gute Stück zur Erinnerung an diesen Vorfall seinen Talbrüdern in ihre Sammlung.

DAS JESUSKIND IM CYRIAKSHOSPITAL

An der Stelle, wo jetzt am Domplatz die alte Residenz liegt, befand sich früher ein Hospital, das dem heiligen Cyriakus geweiht war. Dort fanden Alte, Sieche und Arme der Stadt Halle ein Obdach.

In diesem Hospital soll es eine kleine Skulptur des Jesuskindes gegeben haben. Sie war aus Holz, bunt bemalt und trug ein weißes Hemd am Leibe. Jedes Jahr am Weihnachtsabend mußten die Hospitalbewohnerinnen das Kindlein säubern, sein Hemd waschen und bügeln.

Wenn sie das einmal nicht ordentlich gemacht oder es gar vergessen hatten, erhob sich in der folgenden Nacht ein gewaltiges Poltern im Hause, so daß alle davon wach wurden, und das hörte so lange nicht auf, bis man das Versäumnis nachgeholt hatte.

VOM »ROTEN TURM«

Mitten auf dem hallischen Obermarkt steht ein großer Glokkenturm, im unteren Teil vier-, im oberen achteckig. Man hatte ihn zu Beginn des 15. Jahrhunderts zu bauen begonnen. Ursprünglich hieß er der »Neue Turm«, aber dann bürgerte sich die Bezeichnung »Roter Turm« ein. Es soll nämlich Jahrhunderte hindurch an seinem Fuße Gericht gehalten worden sein, Blutgericht sogar, das bedeutete, daß Übeltäter zum Tode verurteilt und hingerichtet werden konnten. Darauf weist die Gestalt des Roland mit dem erhobenen Schwert hin, der unten neben dem Turm steht.

Von dem roten Blut, das hier bei den Urteilsvollstreckungen verspritzt worden ist, soll das Volk den Namen der »Rote Turm« hergenommen haben.

Es wird aber noch erzählt, daß auf der Spitze des Turmes alljährlich um die Mitternachtsstunde des Dreikönigstages, also unmittelbar nach Neujahr, eine helle Flamme zu sehen gewesen sei. Wenn einer den Mut aufbrachte, sie anzureden, so kam sie zu ihm herab und begleitete ihn bis zu seiner Wohnung. Einem solchen Menschen soll dann bis zum nächsten Dreikönigstag alles gelungen sein, was er sich vorgenommen hatte.

VOM ROLAND ZU HALLE

Am Roten Turm auf dem hallischen Obermarkt steht eine Figur aus Stein, die in der rechten Hand ein nach oben gerichtetes Schwert hält. Sie trägt den Namen Roland. Was sie zu bedeuten hat, erzählt die Sage so.

Nachdem Kaiser Karl der Große das Land bis zur Saale erobert hatte, war er darauf bedacht, eine feste Rechtsordnung in diesen Gebieten einzuführen. Dazu schickte er den Helden Roland, der seiner Schwester Sohn war, in unsere Gegend.

Roland hielt Gericht und sprach im Namen des Kaisers Recht. Das tat er auch in Halle. Dazu ließ er ein Standbild des Kaisers aufrichten, das mit Gold und Purpur bekleidet war und ein Schwert in der Rechten sowie ein Schild in der Linken hielt. Auf diesem soll gestanden haben:

»Frieden gent ick,
Freiheit gewehr ick,
Recht verbürg ick,
Missetat würg ick.«

Vor diesem Standbild ließ sich Roland auf einem Sessel nieder, und neben sich setzte er auf Bänke acht Schöffen aus der Pfännerschaft, vier zu seiner Rechten und vier zu seiner Linken. Dann hielt er drei Tage von Sonnenaufgang bis Sonnenuntergang Gericht und sprach Recht im Namen seines Oheims, des Kaisers.

Danach ließ er dreimal ausrufen, ob noch jemand Recht begehre; aber niemand meldete sich mehr.

Da forderte er die Pfänner auf, aus ihrer Mitte einen Grafen zu wählen, und dem wurde aufgetragen, viermal im Jahr vor dem Bilde des Kaisers in Halle Gericht zu halten und in seinem Namen Recht zu sprechen über Tod und Leben. Zum Zeichen der Blutgerichtsbarkeit verlieh er ihm ein Richtschwert, und das besagte, daß in Halle auch Todesstrafen verhängt und vollstreckt werden durften.

Weil aber Roland als Stellvertreter Kaiser Karls in dessen Auftrag für Recht und Ordnung in unserem Lande gesorgt hatte, prägte sich sein Name dem Gedächtnis des Volkes mehr ein als der des Kaisers, und so wurde das Standbild »der Roland« genannt.

DIE GRÜNDUNG DES KLOSTERS NEUWERK

An der Straße, die heute an der Saale entlang von der Würfelwiese bis zum Mühlweg führt und den Namen »Neuwerk« trägt, lag einst das stolze Augustiner-Chorherrenstift »Zum neuen Werk«. Zu dessen Errichtung kam es so.

Hazicho, ein reicher und kluger hallischer Bürger, hatte einst Erzbischof Adelgot auf dessen Burg Giebichenstein aufgesucht, und als er auf dem Heimritt in der Dämmerung an die Stelle kam, wo später das Kloster Neuwerk lag, sah er plötzlich eine rotglühende Egge vom Himmel herabschweben.

Schnell warf er seinen Handschuh auf die Erde, um die

Stelle zu bezeichnen, ritt eilig nach Giebichenstein zurück und berichtete dem Erzbischof, was ihm widerfahren war.

Dieser machte sich mit Hazicho unverzüglich auf den Weg. Als sie an der genannten Stelle ankamen, war die feurige Egge noch immer zu sehen. Aber sie erhob sich bald und stieg wieder zum Himmel empor. Der Erzbischof verstand dies als ein göttliches Zeichen, und er ließ ein Kloster bauen. An dem Platz, an dem die Egge aufgesetzt hatte, wurde der Altar der Kirche errichtet.

Das Kloster nannte man »Zum neuen Werk« oder »Neuwerk«, aber im Volksmund hieß es noch lange das »Kloster zur güldenen Egge«. Zur Erinnerung an die Umstände, die zur Klostergründung geführt hatten, wählten sich die Mönche ein Wappen, das eine goldene Egge auf blauem Grund zeigte. Die blaue Farbe sollte den Himmel bezeichnen, aus dem die Egge heruntergekommen war.

Auf dem Turm der Klosterkirche soll eine prächtige Glokke gehangen haben, die den Namen »Susanna« trug. Es heißt, daß sie nach der Erfurter »Gloriosa« die größte und wohlklingendste Glocke in ganz Deutschland gewesen sei. Sie hatte die Kraft, den Teufel zu vertreiben, Seelen aus dem Fegefeuer zu erlösen, Gewitterwolken zu zerteilen und manches andere Wunderbare zu wirken.

Nach der Auflösung des Klosters Neuwerk soll sie in den hallischen Dom und später in den zu Magdeburg gelangt sein.

DER MÖNCH VOM HALLMARKT

In der Gegend des Hallmarktes, vor allem zwischen der Markt- und der Moritzkirche in Halle, soll Jahrhunderte hindurch ein Mönch in grauer Kutte umhergewandert sein, und zuweilen am Tage, aber vor allem bei Nacht, sein Unwesen getrieben haben.

Er habe die Menschen geneckt und erschreckt, und sie hätten sich gescheut, diesen Teil der Stadt zu betreten, insbesondere in der Dunkelheit. Woher dieser Mönch kam und wohin er entschwand, wußte keiner zu sagen.

Um Mitternacht aber kniete er immer vor den Heiligenfiguren der Moritzkirche nieder, schlug sich an die Brust und rief fortwährend: »Miserere mei, domine«, und das heißt: »Herr, erbarme dich meiner.« Dieser Mönch soll im Grabe keine Ruhe gefunden haben. Er habe sich einst mit einer Nonne in ein Liebesverhältnis eingelassen, sein Abt sei dahintergekommen, habe ihn zur Buße dafür auspeitschen und danach für zwei Jahre bei Wasser und Brot in eine Zelle einsperren lassen.

Als der Mönch diese Strafe verbüßt hatte, nahm er Rache an seinem gestrengen Abt und vergiftete ihn.

Es wird aber auch anders erzählt. Das Kloster, in dem der Mönch gelebt hatte, wurde zur Zeit des Kardinals Albrecht aufgelöst. Zuvor aber hätten die Mönche die Schätze des Klosters in der Halle, d. h. in dem Teil der Stadt, in dem die Salzkoten standen, vergraben. Der Mönch sei dann beauftragt worden, diesen Schatz zu bewachen, bis die Brüder seines Ordens wieder in ihr Kloster zurückkehren könnten. Sollte ihm das nicht gelingen, so müsse er bis zum Jüngsten Tag ruhelos in der Halle umherirren.

An der Stelle aber, wo der Klosterschatz vergraben war,

zeigte sich manchmal eine blaue Flamme. Dann eilte der Mönch sogleich dorthin und trat sie aus, damit der Ort nicht verraten werde und der Schatz nicht in fremde Hände gelange.

DIE GRÜNDUNG DES MORITZKLOSTERS IN HALLE

Vor Zeiten schickten die Patrizier der Stadt Halle ihre Söhne in die Klosterschule des Stifts Neuwerk, das außerhalb der Stadmauer nördlich der Moritzburg lag. Eine andere Schule gab es damals in der Stadt noch nicht.

Im Kloster hatte ein Mönch namens Rudolfus das Schulmeisteramt inne. Er war sehr streng, und er machte oft auch von der Rute Gebrauch.

Das verdroß die jungen Patriziersöhne, und sie beklagten sich bei ihren Vätern über solche körperliche Züchtigung.

Als Rudolfus wieder einmal einen älteren Schüler geschlagen hatte, rotteten sich alle zusammen, fielen über den hartherzigen Schulmeister her, zogen ihm die Kutte über den Kopf und banden sie so zu, daß er die Arme nicht rühren konnte. Dann verprügelten sie ihn nach Herzenslust und liefen eilig nach Hause.

Am anderen Tage schickte der Prior des Stifts in die Stadt und forderte die Auslieferung der Knaben, um sie für ihre Tat zu bestrafen. Aber die Väter weigerten sich, ihre Söhne mitgehen zu lassen.

Daraus erwuchs ein großer Streit, in dessen Verlauf sich die Patrizier an Erzbischof Wichmann wandten. Sie trugen ihm vor, daß es dem Ansehen der Stadt förderlich sei, wenn sie ein Kloster in ihren Mauern hätte, und daß es ein gottgefälliges Werk wäre, wenn der geistliche Herr die Genehmigung zu dessen Errichtung erteilen wollte. Die Kosten würden sie gern übernehmen.

Der Erzbischof erteilte seine Einwilligung, und so begann man mit dem Bau des Klosters, das St. Moritz, dem Heiligen des Erzbistums, geweiht wurde. Fortan erhielten die Pfännersöhne dort ihre Schulbildung.

RUDOLF VON HABSBURG UND DIE STADT HALLE

Als Graf Rudolf von Habsburg im Jahre 1267, von Erfurt kommend, in Halle eintraf, war er in Geldnöten und bat den Rat der Stadt, ihm die stolze Summe von dreihundert Gulden zu leihen. Binnen Jahresfrist wolle er sie zurückzahlen.

Dazu war er jedoch nicht in der Lage, und er schrieb einen Brief an den Rat Halles, in dem er um Aufschub für die Rückzahlung bat. Er versicherte zugleich, sich der Stadt künftig dankbar zu erweisen, wenn sie seiner Bitte nachkäme.

Der Rat war bereit, dem Grafen die schuldige Summe zu stunden.

Als Rudolf nun im Jahre 1273 zum deutschen König ge-

wählt worden war, sprach er zu seinen Getreuen: »Jetzt will ich mein Versprechen einlösen und der Stadt Halle für ihre Treue und Redlichkeit, die sie mir erwiesen hat, danken.«

Kurz nach dem Reichstag zu Speyer kam er mit großem Gefolge nach Halle gezogen. Er zahlte nicht nur seine Schulden, sondern er gab für den Rat auch ein großes Ehrenbankett und verlieh der Stadt Rechte, wie sie anderen Städten des Reiches nicht gewährt wurden.

VOM GRASEWEG

Eine Straße in Halle heißt der »Graseweg«. Er soll seinen Namen einem grausigen Ereignis verdanken.

Als im Jahre 1348 die Pest oder der »schwarze Tod« in ganz Europa umging und große Teile der Bevölkerung von der Seuche hinweggerafft wurden, blieb auch die Stadt Halle nicht verschont.

Aus Angst vor Ansteckung mauerte man alle Zugänge zu

der Straße zu, in der die Pest zuerst aufgetreten war. Obgleich die armen Erkrankten jammerten und flehten, überließ man sie ihrem Schicksal. In ihre Straße eingesperrt, mußten sie elend zugrundegehen.

Erst zehn Jahre danach wagte man es, dieses Viertel wieder zu betreten. Da fand man die Skelette der Unglücklichen, die damals Opfer der Pest geworden waren. Aber in diesen Jahren war alles von Gras überwuchert, und darum nannte man die Straße fortan den »Graseweg«.

EULENSPIEGEL IN HALLE

Einer der alten Warttürme der mittelalterlichen Stadtbefestigung Halles, die im vorigen Jahrhundert abgerissen worden ist, hatte im Volksmund den Namen »Eulenspiegelturm«. An ihm soll auch eine Steintafel zu sehen gewesen sein, die auf Eulenspiegels Auftreten in Halle hingewiesen hat.

Dessen Eltern waren um 1300 herum »ins Magdeburgische Land an der Saale« gezogen, woher seine Mutter stammte. Die Familie soll auf dem hallischen Strohhof gewohnt haben, der dem Hallmarkt auf der anderen Saaleseite gegenüberlag. Eulenspiegels Vater starb bald, und die Mutter hatte ihre Not mit dem Jungen, der keinen Beruf lernen wollte, obgleich er schon sechzehn Jahre alt war. Er trieb sich lieber in der Stadt herum und sann auf dumme Streiche.

Einmal kam er auf den Gedanken, von dem Hause seiner Mutter zum dicken Wartturm an der Stadtmauer des Hallmarktes ein Seil zu spannen und darauf über die Saale zu laufen. Die Gerbersaale war damals nämlich noch nicht – wie heute – überbaut.

Als die Bürger das sahen, eilten sie herbei und wollten sich das Schauspiel nicht entgehen lassen.

Aber auch Eulenspiegels Mutter hatte das gespannte Seil gesehen und ahnte, was ihr ungeratener Sohn vorhatte.

Als er nun gerade beim schönsten Seiltanz war, schlich sie auf den Boden des Hauses, wo das Seil befestigt war, schnitt es durch, Eulenspiegel fiel ins Wasser und badete unter dem Gelächter der Zuschauer in der Saale.

EULENSPIEGELS RACHE

Für dieses Hohngelächter der Bürger wollte sich Eulenspiegel rächen. So zog er eines Tages, als seine Mutter nicht zu Hause war, wieder ein Seil, aber diesmal über die Straße.

Wieder gab es bald neugierige Zuschauer. Denen verkündete Eulenspiegel, er wolle ihnen auf dem Seil ein ganz besonderes Kunststück zeigen. Dazu brauche er allerdings den linken Schuh von einem jeden. Willig reichten sie ihm alle das Gewünschte hoch. Die Schuhe reihte Eulenspiegel auf eine Schnur.

Dann rief er: »Aufgepaßt, suche jeder seinen Schuh!« Damit schnitt er die Schnur entzwei und schüttete die linken Schuhe auf die gaffende Menge nieder.

Jeder wollte natürlich seinen richtigen Schuh wiederhaben, und so gab es ein großes Gemenge und Gezänk.

Diesmal lachte Eulenspiegel vom Seil herab über die hallischen Bürger.

DAS »SCHWARZE SCHLOSS« ZU HALLE

An der Stelle, wo jetzt hoch über der Saale die Moritzburg liegt, soll einst ein Schloß gestanden haben. Darin hauste ein Graf, der ein schlimmer Übeltäter und Wüterich war. Er fürchtete weder Gott noch die Menschen. Wenn in den stürmischen Herbst- und Winternächten der wilde Jäger mit seinem schrecklichen Gefolge über die Erde fegte, wollte man auch den Grafen darunter gesehen haben. Deshalb bekam er den Namen der »schwarze Graf«, weil es mit ihm nicht geheuer war, und seine Burg nannte man daher das »schwarze Schloß«.

Eines Tages aber ereilte den schwarzen Grafen sein Schicksal. Er war nämlich wieder einmal auf Jagd in der Heide, und plötzlich sprang ein weißer Hirsch vor ihm aus dem Gebüsch. Sogleich nahm der Graf mit seinen Hunden die Verfolgung auf, aber so sehr er das Tier auch hetzte, er konnte es nicht erjagen.

In seiner Bedrängnis flüchtete sich der Hirsch schließlich in die Behausung eines alten Einsiedlers und fiel vor dem Kruzifix nieder, das sich dort befand. Der Graf aber kannte keine fromme Scheu, stürzte in die Klause des Eremiten und erstach das Tier. Dann brach er es auf und wollte ihm das Herz aus dem Leibe trennen. Da sah er auf dem roten Herzen ein weißes Kreuz, das den Hirsch als ein geweihtes Tier auswies.

»Ha«, rief der Graf grimmig, »um so besser wird mir das Herz schmecken!«

Im schwarzen Schloß angekommen, ließ er es sich auch sogleich durch seinen Leibkoch zubereiten. Kaum aber hatte er es gegessen, da konnte er die Sprache der Tiere verstehen, und er hörte, wie eine Ente schnatterte: »Trab, trab, reit den

Burgweg hinab!« und wie ein Hahn krähte: »Du mußt fliehn, dein Schloß sinkt hin!«

Da packte den Grafen das Grauen. Er schwang sich auf sein Pferd und wollte davongaloppieren.

Der Koch hatte aber von dem Herzen gekostet und konnte die Warnung der Tiere ebenfalls verstehen. In seiner Angst klammerte er sich an den Schweif des gräflichen Rosses, um sich auch zu retten. Aber der Graf hieb seinem Pferd mit dem Schwert den Schwanz ab, so daß der Koch zu Boden stürzte und zurückblieb. Als der Graf durch das Schloßtor ritt, hörte er noch eine Henne gackern: »Schau nicht zurück, es ist dein Glück!« Schon begann der Boden unter ihm zu wanken, ein fürchterlicher Donnerschlag ertönte, und ein gewaltiges Unwetter brach herein. Der Graf gab seinem Pferd entsetzt die Sporen und jagte davon. Erst als er am Giebichenstein angekommen war, wagte er es, sich umzuschauen, gerade im rechten Augenblick, um noch zu sehen, wie sein Schloß zusammenstürzte und in der Saale versank.

Dieses Strafgericht führte den Grafen zur Einkehr. Er bereute alle die Sünden, die er bisher begangen hatte, flehte Gott um Vergebung an und gelobte, fortan ein Leben in Frömmigkeit zu führen.

Er trat in das Kloster Neuwerk ein, dem er zugleich alle seine Güter vermachte, und bei den Augustiner-Mönchen ist er nach Jahren der Buße gestorben. Im Kloster aber wurden für das Seelenheil des schwarzen Grafen viele Totenmessen gelesen.

Das schwarze Schloß war an einem St. Jakobustag versunken, und alljährlich am 25. Juni soll man um die Mitternachtsstunde seine Türme und Zinnen auf dem Grunde der Saale sehen können. Mit dem ersten Glockenschlag zur Mitternacht erheben sie sich sogar über den Wasserspiegel, aber mit dem letzten verschlingt die Saale alles wieder.

DER SCHELLENMORITZ

In der Moritzkirche zu Halle ist an einem Pfeiler ein Standbild von der Hand des berühmten Steinmetzen Conrad von Einbeck zu sehen. Es stellt einen großen Mann mit grimmigem Gesicht dar. Er trägt Ritterkleidung, und an seinem eisernen Brustharnisch hängen Schellen herab. Sein rechter Arm umfaßt außerdem einen dicken Stab.

Von diesem »Schellenmoritz« oder »Schellmortz«, wie das Volk sagte, wird erzählt, er sei der Erbauer der Moritzkirche gewesen.

Dieser Ritter war ein jähzorniger und widerborstiger Mann, der sich mit vielen anlegte und daher sehr unbeliebt war.

Eines Tages saß er beim Mahle in seinem Ritterhof Brunoswarte, und dabei geriet er mit seinem Hauskaplan in Streit, indem er über Kirche und Pfaffen spottete. Der Geistliche ließ sich das nicht bieten, ein Wort gab das andere, und schließlich stieß der Kaplan einen fürchterlichen Fluch gegen Moritz aus.

Dieser sprang wütend auf, wobei er den Tisch umwarf, packte den Geistlichen, hob ihn empor und schmetterte ihn gegen das Saalfenster, so daß der Bedauernswerte mitsamt dem Fenster in den Hof stürzte und dabei den Tod fand.

Moritz stand wie versteinert. In seiner Not eilte er zum Prior des Klosters auf dem Petersberg und fragte ihn um Rat, wie er angesichts dieser schweren Sünde seinen Frieden mit der Kirche machen könne. Der Prior schwor beim heiligen Petrus, daß der Ritter unweigerlich in den Kirchenbann kommen und aus der Gemeinschaft aller Christen ausgestoßen werden müsse, sofern er nicht unverzüglich dem heiligen Moritz eine Kirche baue, und zwar so prächtig, wie sie in unserem Lande bisher nicht gesehen worden.

So begann Moritz ungesäumt mit dem Bau, und weil er um sein Seelenheil fürchtete, trieb er seine Arbeiter unmäßig zur Eile.

Wenn er auf den Bauplatz kam und erwischte einen Arbeiter, der sich gerade einmal ausruhte, so erschlug er ihn im Zorn mit seinem Stock auf der Stelle. So war schon mancher der Bauleute zu Tode gekommen.

Eines Tages aber reute den Moritz seine Unbesonnenheit, und um künftig keine weiteren Morde zu begehen, ließ er sich Schellen an sein Wams nähen. Die erklangen nun immer, wenn er nahte, warnten die Arbeiter und trieben sie zum Fleiß an. Fortan kam niemand mehr durch den Schellenmoritz ums Leben.

Es wird aber auch noch anders erzählt. Zur gleichen Zeit, als der Schellenmoritz seine Kirche bauen ließ, soll dessen Schwester die Moritzburg haben errichten lassen. Im Gegensatz zu ihrem Bruder wütete sie jedoch nicht gegen ihre Bauhandwerker, sondern behandelte sie freundlich.

Eines Tages sprach sie mit ihrem Bruder und hielt ihm vor, daß sie mit ihrer Sanftmut ihren weit größeren Bau wohl eher fertigstellen werde als er mit seinen unmäßigen Zornausbrüchen gegen seine Arbeiter und mit seinen Totschlägen. Diese Behauptung reizte Moritz erst recht, und fortan wurden seine Bauleute noch schlimmer geschunden. Aber schließlich bat ihn seine Schwester, sich einen Schellengürtel anzulegen, damit des Mordens ein Ende werde. Manche wollen wissen, daß sie ihrem Bruder einen solchen Gürtel geschenkt habe.

Die Schwester behielt übrigens recht. Die Moritzburg wurde eher fertig als die Moritzkirche.

Als das der Schellenmoritz erfuhr, ritt er zornig zu seiner Schwester, um deren fertiges Bauwerk zu besichtigen, und

als er alles wohlgelungen fand, kochten Zorn und Neid in ihm hoch. In seiner Wut vergaß er sich, ermordete seine eigene Schwester und warf sie von der Burg hinunter in die Saale. An die milde Bauherrin soll noch heute das Standbild über dem nördlichen Eingang der Moritzburg erinnern (in Wahrheit handelt es sich bei der weiblichen Gestalt um die heilige Katharina, die Schutzheilige des Erzstiftes Magdeburg).

Nach dieser Bluttat schwang sich der Schellenmoritz auf sein Roß und galoppierte zur Moritzkirche. Wütend stieg er auf das Baugerüst und herrschte den Baumeister an: »Du Schurke, jetzt sollst du den Lohn für deine und deiner Leute Faulheit bekommen. Meiner Schwester habe ich ihn gerade für ihren übergroßen Fleiß verabreicht!«

Damit packte er den Mann, schmetterte ihn aufs Gerüst, daß er sich das Genick brach, und warf ihn dann von oben über die Brüstung hinab.

Dann zückte er sein Schwert und hieb damit auf die Bauleute los, um sie für ihre angebliche Trägheit zu strafen. Sie stoben in alle Winde auseinander, um ihr Leben zu retten, aber einige wurden vom Schellenmoritz doch erstochen.

Damit kam der Bau der Moritzkirche zu Ende; denn obgleich sie noch nicht vollendet war, fand sich niemand mehr bereit, in den Dienst des Schellenmoritz zu treten. Deshalb ist die Kirche auch ohne Turm geblieben.

Viel später hat man zwar einmal versucht, noch einen Turm zu bauen, aber das wollte nicht gelingen. Jede Nacht ist der grausame Schellenmoritz als Geist aus seinem Grabe, in dem er keine Ruhe finden konnte, herausgekommen und hat derart an dem im Bau befindlichen Turm gerüttelt, daß alles wieder zusammengefallen ist.

Der unglückliche Baumeister mit dem gebrochenen Hals soll aber jene Gestalt sein, die in der Moritzkirche zu Füßen der Statue des Schellenmoritz hockt.

DIE EINGEMAUERTE FRAU

An der inneren Nordwand des hallischen Domes steht ein fast lebensgroßes Reliefbild aus Stein. Es stellt eine junge Patrizierin mit einem Wickelkind im Arm dar. Ihr zu Füßen liegt ein katzenartiges Tier. Keine Inschrift sagt etwas über ihren Namen.

Die Sage aber will wissen, daß die schöne junge Frau eines Tages von den Geistlichen in das Domstift gelockt, dort lange festgehalten und von ihnen mißbraucht worden sei. Sie wurde schließlich schwanger und brachte ein Kind zur Welt. Da die Stiftsherren aber nicht wollten, daß ihre Schandtat bekannt würde, beschlossen sie, die Frau zusammen mit ihrem Kind in die Domwand einzumauern, damit beide spurlos verschwunden wären. Außerdem steckten sie eine Katze in dieses tödliche Gefängnis. Aber das Tier soll drinnen so jämmerlich geschrien haben, daß man es durch die Wand hören konnte. Da besannen sich die Stiftsgeistlichen und befreiten die Unglücklichen wieder. So wurden sie vor einem elenden Tod bewahrt.

DIE GELIEBTE ALS HEILIGE

Kardinal Albrecht von Brandenburg war als Erzbischof von Magdeburg und Mainz nicht nur ein geistlicher, sondern auch ein sehr weltlich gesinnter Herr. Er führte einen prächtigen Hof in der Moritzburg zu Halle, und er war auch den Frauen sehr zugetan. Eine mit Namen Margarete soll er abgöttisch geliebt haben, und als sie zu seinem großen Schmerz gestorben war, hat er sie – wie die Volkssage erzählt – in einen übergoldeten Silbersarg gebettet und im Hochchor des hallischen Domes aufstellen lassen.

Er gab die sterblichen Überreste seiner Geliebten für die Gebeine der heiligen Margarete aus, und das verwunderte nicht sehr, weil er zu den berühmtesten Reliquiensammlern seiner Zeit gehörte.

Er ließ den Sarg auch in der Prozession vor sich und seiner Geistlichkeit hertragen, und alles Volk mußte davor anbetend auf die Knie fallen. Auf diese Weise dankte er seiner Geliebten über deren Tod hinaus für ihre Liebesdienste.

Als er die Stadt Halle verließ, weil sich hier die Reformation sieghaft ausgebreitet hatte, soll er den Sarg mit nach Mainz oder Aschaffenburg genommen haben.

DAS MARIENBILD IN DER HALLISCHEN MARKTKIRCHE

In der Marienkirche am Obermarkt zu Halle steht ein Altar, und er enthält ein gemaltes Bild der Gottesmutter. Sie thront als Himmelskönigin auf der Mondsichel und hat das Jesuskind auf ihrem Schoß. Zu ihren Füßen links kniet Erzbischof Kardinal Albrecht von Brandenburg, der Halles Stadtherr war und der den Altar gestiftet hat.

Dieser geistliche Fürst hatte noch eine andere Geliebte, die schöne Bäckerstochter Magdalena Rüdiger. Sie wurde nicht sehr alt, und es wird erzählt, daß der Kardinal dem Maler den Auftrag gegeben habe, Maria mit dem Gesicht Magdalenas zu malen. So wollte er sie unsterblich machen, und die Hallenser mußten fortan die Gottesmutter im Bilde der Geliebten des Erzbischofs anbeten.

VOM »KÜHLEN BRUNNEN«

Am Ende einer schmalen Gasse, die vom nördlichen Marktplatz in Halle zur Großen Nikolaistraße führt, liegt ein prächtiges Haus, das sich seit 1522 der Günstling des Erzbischofs Kardinal Albrecht, Hans von Schenitz, zum Mißfallen seines Herrn mit hohen Kosten hatte bauen lassen und das den Namen »Zum kühlen Brunnen« bekam.

Schenitz wurde 1534 verhaftet, ihm wurde der Prozeß gemacht, und das Urteil lautete auf Tod durch den Strang. 1535 wurde er in Giebichenstein gehängt. Es ist den Historikern bis zum heutigen Tage nicht klar, warum Schenitz sterben mußte. Aber die Sage weiß es.

In der mittleren Etage seines Stadtpalastes soll Schenitz seinem Herrn, dem Erzbischof, ein Zimmer eingerichtet haben, zu dem dieser über eine geheime Treppe unbemerkt gelangen konnte. Darin stand ein geräumiges Bett, das man das »Bischofsbett« genannt hat. Es wurde in diesem Haus noch im vorigen Jahrhundert gezeigt.

In diesem Zimmer traf sich Kardinal Albrecht immer mit seiner Geliebten, einer italienischen Sängerin. Diese hatte sich der Kirchenfürst von seinem Vertrauten, eben Hans von Schenitz, mitbringen lassen, als dieser einmal im Auftrag seines Herrn etwas in Rom auszurichten hatte. Auf der Reise aber soll sich Schenitz mit ihr in ein Liebesverhältnis eingelassen haben, und in Halle setzten die beiden es hinter dem Rücken des Erzbischofs fort. Eines Tages aber beobachtete der Hofnarr, wie Schenitz die italienische Sängerin küßte und ihr in den Busenausschnitt langte. Das meldete er seinem Herrn, und dieser stellte die beiden zur Rede. Sie aber leugneten ihre Liebesbeziehungen mit frecher Stirn. Sie ließen sich durch diesen Vorfall jedoch auch nicht warnen und setzten ihr falsches Spiel fort.

Da wollte der Kardinal Gewißheit erlangen. Er versteckte sich hinter einen Vorhang und belauschte die beiden.

Nun bestätigte sich, was der Hofnarr ihm berichtet hatte; die beiden hintergingen ihn.

Aber noch Schlimmeres mußte der Erzbischof erleben. Schenitz machte sich nämlich gegenüber der Geliebten Albrechts auch noch über seinen Herrn lustig. Das war zuviel. Auf diese Weise soll Schenitz sein Leben verwirkt haben.

An jenen Mann erinnert noch heute die Schönitzstraße im Süden der Stadt Halle.

ERRETTUNG VOM NASSEN TOD

Am Jahrtag des seligen Lambertus, der im 12. Jahrhundert der erste Propst des Klosters Neuwerk bei Halle gewesen war, durften die Klosterschüler einst zu ihrer Vergnügung mit Erlaubnis ihrer Lehrer eine Kahnfahrt auf der Saale machen. Als sie nun mitten auf dem Wasser waren, wurden einige Knaben übermütig und fingen in den Kähnen an zu schaukeln. Es dauerte auch nicht lange, da schlug einer der Kähne um, und alle, die im Boot saßen, versanken im Flusse.

Am Peißnitzufer aber standen einige geistliche Herren, die das Unglück mit ansahen, darunter der Hildesheimer Propst Werno, der Kanonikus Habold und andere. Schrecken durchzuckte sie, aber sogleich besannen sie sich und riefen den Klostergründer Lambertus um Hilfe an, von dem erzählt wurde, daß er auch nach seinem Tode manches Wunder vollbracht habe.

Die Schüler kämpften tapfer mit den Wellen, und am Ende gelangten sie alle wohlbehalten ans Land. Man sagt, Lambertus habe das bewirkt, weil er nicht wollte, daß an seinem Jahrtag Betrübnis über die Klosterbrüder komme.

DER GÜTCHENTEICH

In der Nähe des heutigen Steintores lag vor Zeiten ein Teich, der die Gütchengrube oder der Gütchenteich hieß. Heute erinnert noch die Gütchenstraße an ihn.

»Gütchen« war eine Bezeichnung für elbische Wesen, die ihre Wohnstatt in Gewässern hatten.

Aus diesem Gütchenteich, so sagt man, seien alle Kinder gekommen, die in Halle geboren wurden.

Aber noch mehr wird von ihm erzählt. So soll einmal eine Gräfin in einer schwarzen Kutsche in ihn hineingefahren und darin verschwunden sein.

Wie es heißt, war der Teich ungeheuer tief. An seinem Platz habe zuvor ein Schloß gestanden, das in die Erde versunken sei, und an dessen Stelle soll sich dieser Teich gebildet haben. Bei hellem Wetter konnte man auf seinem Grunde noch die Turmspitzen des verschwundenen Schlosses schimmern sehen. Von diesem aber wird erzählt, es habe einst lange Zeit unbewohnt gestanden, bis nach dem Dreißigjährigen Krieg ein großer hagerer Mann einzog, den man zuweilen in schwarzer niederländischer Rittertracht am Arme einer jungen Frau in dem verwilderten Park um das Schloß spazierengehen sah.

Niemand wußte, wer die beiden waren. Die einen sagten, der Ritter halte seine Gattin in einem Turm gefangen, weil sie ihm keine Nachkommen schenke, und er führe sie nur zu besonderen Gelegenheiten aus. Andere meinten, es handele sich bei der Frau um seine Tochter. Wieder andere vertraten die Auffassung, dieser Mann müsse eine schwere Schuld auf sich geladen haben, und es gab welche, die wollten in ihm den schwarzen Ritter wiedererkennen, der in der Schlacht bei Lützen 1632 an der Seite des Schwedenkönigs Gustav Adolf gekämpft habe.

Jahrelang hatten der Ritter und die Frau in dem Schloß gewohnt, aber nach einer fürchterlichen Gewitternacht waren sie spurlos verschwunden. Man hatte sich damit schon abgefunden, als genau auf den Tag, von dem an die beiden nicht mehr gesehen worden waren, vor der Pfarre der Moritzkirche eine Karosse hielt.

Ihr entstieg eine junge Dame in vornehmer Kleidung und wünschte den Pfarrer zu sprechen. Kurz danach fuhr sie mit ihm zusammen zu dem verlassenen Schloß. Währenddem zog ein starkes Gewitter auf. Als sie am Schloß angelangt waren, stieg der Diener der Dame durch ein Turmfenster ein und ließ die Zugbrücke herunter, die bis dahin hochgezogen war.

Die Dame und der Pfarrer betraten das Schloß. Draußen tobte das Unwetter, und kaum waren beide über die Schwelle des Schlosses getreten, schlug ein Blitz in den Turm ein und setzte im Handumdrehen das ganze Schloß in Brand. Entsetzt ergriffen beide die Flucht und konnten sich vor den Flammen retten.

Am anderen Morgen sah man von der Stadt aus die Schloßruine, und sie sank allmählich immer tiefer in die Erde.

Was es mit dem alten Ritter auf sich hatte, wurde erst viel später bekannt, als der Pfarrer auf dem Sterbebett lag und das Geheimnis darum nicht mit ins Grab nehmen wollte, sondern es einem Amtsbruder offenbarte.

Er erzählte, er sei ein Jahr, bevor das Schloß zusammenstürzte, zu dem Ritter gerufen worden, der sein letztes Stündlein herannahen fühlte. Dieser habe ihm gebeichtet, er sei früher ein guter Katholik gewesen, aber er habe sich aus Ehrgeiz und Ruhmsucht dem Dienst des Schwedenkönigs ergeben und dessen protestantischen Glauben angenommen. Doch sein Herr habe keine der Versprechungen, die er ihm gemacht, gehalten, und so sei er mehr und mehr in Haß gegen

ihn verfallen. Am Ende habe er ihn im Kugelregen der Schlacht bei Lützen hinterrücks erschossen, ohne daß jemand es bemerkt hätte.

Danach wollte der Ritter in den Schoß der katholischen Kirche zurückkehren, aber sie habe ihn verstoßen.

Die Schuld an seinem Unglück suchte der Ritter bei der neuen Lehre Luthers, und als der Pfarrer ihm den Kelch zum letzten Abendmahl habe reichen wollen, habe der Sterbende bemerkt, daß der Geistliche ein Lutheraner war. Da habe er gerufen: »Eher will ich in die Hölle fahren, als von dir Hund den Kelch nehmen. Die alte Kirche hat mich verflucht, und so möget auch ihr alle verflucht sein. Auch du, meine Tochter, sofern du nicht zu der alten Lehre zurückkehren willst, und dieses Haus, das gleich eurem neuen Glauben ein Opfer des Teufels werden soll!« Damit fiel er hintenüber und war tot.

Ein Jahr danach war die Tochter, die einen Schweden geheiratet hatte, zurückgekehrt, um das Schloß zu beziehen; aber da war der schreckliche Fluch ihres Vaters in bezug auf das Schloß in Erfüllung gegangen.

DER TOD EINES WUCHERISCHEN BAUERN

Am Ende des 16. Jahrhunderts war wieder einmal Teuerung im Lande, und eines Tages machte sich ein reicher Bauer aus Thüringen mit seinem Knecht auf den Weg, um eine Ladung Korn auf den hallischen Markt zu bringen. Dort hoffte der gewinnsüchtige Mann für seine Ware einen noch höheren Preis als andernorts herauszuschlagen. Aber er hatte sich getäuscht. Plötzlich war nämlich der Kornpreis merklich heruntergegangen, und er mußte sein Getreide billiger verkaufen, wenn er nicht darauf sitzenbleiben wollte.

Das ärgerte den Habgierigen maßlos, und während der Rückfahrt schimpfte und fluchte er unaufhörlich. Der Knecht dagegen war guter Dinge.

»Warum bist du so fröhlich?« fragte ihn der Bauer aus dem leeren Wagen.

»Nun, ich freue mich, daß wieder bessere Zeiten kommen. Vielleicht kann ich nun endlich ein Mädchen heiraten.«

»Zum Teufel mit den guten Zeiten«, brummte der Bauer mißmutig, der sein schlechtes Geschäft immer noch nicht verwunden hatte.

Der Knecht aber trällerte ein fröhliches Liedchen, bis er plötzlich von Leuten, die ihm entgegengekommen waren, angerufen wurde.

»He, du Bösewicht«, schrien sie, »was hast du mit deinem Herrn gemacht? Du hast ihn am Wagen erhängt!«

Der Knecht wußte nicht, was sie meinten, und als er sich umdrehte und den Bauern nicht auf dem Wagen erblickte, hielt er an und stieg herab. Da mußte er sehen, daß sein Herr tot am Leiterbaum hinten zwischen den Rädern hing.

Voller Schrecken kehrte er nach Halle zurück und bat die Leute, die das bemerkt hatten, ihm als Zeugen zu folgen.

In der Stadt trat er vor den Richter und schilderte, wie man ihn unterwegs angetroffen hatte. »Mein Herr war ein großer Geizhals«, fügte er erklärend hinzu, »und wenn er die Macht gehabt hätte, die Saat auf dem Felde zu verderben, er hätte es getan. Die weltliche Obrigkeit hätte ihn wegen seiner schnöden Gewinnsucht längst zur Rechenschaft ziehen sollen. Aber nun hat es Gott getan und ihm durch den Teufel den Hals brechen lassen.«

DAS HAUS »ZU DEN DREI RAUHEN KINDERN«

Auf der Südseite des hallischen Marktplatzes standen vor Zeiten drei merkwürdig schmale, ganz gleiche Häuser, vier Stockwerke hoch, mit je zwei Fenstern in jeder Etage. An dem mittleren Haus war ein Reliefbild zu sehen, auf dem zwei Kinder unter einem Baum standen, während ein drittes oben in den Zweigen saß. Dieses Hauszeichen befindet sich heute in der hallischen Moritzburg-Galerie.

Darüber weiß die Sage zu berichten, daß sich ein Bürger der Stadt ein stattliches Haus habe bauen lassen, sechs Fenster in der Breite, vier Fenster in der Höhe. Er zog mit seiner Frau ein, und bald erfüllten drei Buben das Haus mit ihrem Gezeter.

Die Brüder konnten sich aber auch nicht vertragen, als sie herangewachsen waren und ihre Eltern nicht mehr lebten. Sie wurden schließlich zu feindlichen Brüdern, die nicht mehr unter einem Dach leben wollten. Daher ließen sie das Haus zu drei voneinander unabhängigen umbauen, damit keiner der Brüder mit einem anderen mehr in Berührung kommen konnte. So entstanden die drei kleinen Häuschen mit je acht Fenstern, und darin hausten die »drei rauhen Kinder«, die sich bis ins Greisenalter nicht ausstehen konnten.

SCHNALLENPETER ÄFFT EINEN REICHEN BÜRGER

Zu Beginn des 18. Jahrhunderts lebte in Halle ein Handwerker, der allerlei Schnurren im Kopf hatte und den Leuten gern Streiche spielte. Er war stadtbekannt unter dem Namen Schnallenpeter.

Eines Tages ging er zu einem wohlhabenden Bürger namens Alexander Drachstedt und wollte sich von ihm hundert Taler borgen. Sie wurden ihm verweigert, weil er in der Stadt das Bürgerrecht nicht habe. Aber er könnte die Summe bekommen, wenn er einen eingesessenen Bürgen beibrächte, dessen Haus nicht durch Schulden belastet sei. Schnallenpeter nahm das zur Kenntnis, und nach einigen Tagen kam er wieder zu Drachstedt und sagte, er habe den Bürgen gefunden. Leider könne der nicht laufen, und ob Drachstedt so gut sein wolle, sich mit ihm zu diesem Bürgen zu begeben.

Drachstedt fand sich dazu bereit, und Schnallenpeter führte ihn vor die Rolandfigur auf dem Obermarkt.

»Dies ist mein Bürge«, sprach er. »Er erfüllt alle eure Bedingungen. Er hat das Bürgerrecht und ein Haus, das gänzlich schuldenfrei ist. Außerdem könnt ihr ganz sicher sein, daß euch mein Bürge nicht davonläuft.«

Damit ging Schnallenpeter ohne ein weiteres Wort weg und ließ den reichen Bürger, den er damit lächerlich gemacht hatte, verdutzt stehen.

VOM »ALTEN DESSAUER«

Im Jahre 1718 wurde das Regiment Anhalt, das Fürst Leopold, der »alte Dessauer«, befehligte, von Halberstadt nach Halle verlegt. Der Fürst war als Leuteschinder gefürchtet. Er führte den »preußischen Drill« ins Militärwesen ein, und er gilt auch als der »Erfinder« des Gleichschritts.

Sein Regiment mußte auf der Würfelwiese zwischen den beiden Saalearmen unweit der Moritzburg hart exerzieren.

Von Fürst Leopold wird erzählt, daß er seine Soldaten fortwährend auf ihre Verläßlichkeit geprüft haben soll, und das auf tückische Art. So bat er Soldaten, die er kannte, um kleine Gefälligkeiten, die die Männer leicht in Konflikt mit der strengen Dienstvorschrift bringen konnten, oder er erteilte regelrecht Aufträge und Befehle, durch die das ebenfalls geschehen konnte. Weh dem, der sich dann in den gelegten Schlingen verfing! Der wurde unnachsichtig bestraft.

Sogar das brachte der Fürst fertig: Er ließ den Schildwachen vor seiner Tür Geschenke oder Speise und Trank von seiner Tafel anbieten, und wenn sie solcher »Güte« erlagen, wurden sie zur Rechenschaft gezogen.

Wenn aber die Schildwache in solcher Lage »Zum Teufel!« schrie oder mit Verhaftung drohte, dann lachte dem »alten Dessauer« das Herz im Leibe, und er lobte diese Soldaten.

In seinem Regiment hatte der Haudegen den Spitznamen »der Schnurrbart«, weil er einen mächtigen Schnauzbart unter der Nase trug.

Aber auch der »alte Schwerenöter« wurde er genannt, weil sein Lieblingsfluch »Schock schwere Not!« gelautet haben soll, und das heißt: »Ich wünsche euch sechzigmal die Epilepsie, [d. h. die Krankheit der Fallsucht] an den Hals.«

DIE VERWUNSCHENE FRAU

Vor Zeiten ging einmal ein Mann des Nachts an der Kirche vorbei, die auf dem ehemaligen Neumarkt von Halle stand.

Auf der Kirchhofmauer saß eine weibliche Gestalt in einem weißen Gewand. Plötzlich nieste sie.

»Gott helf!« sprach der Mann. Aber die Gestalt dankte nicht, sondern nieste gleich noch einmal.

Wieder rief der Mann ihr ein »Gott helf!« zu.

Ohne zu danken, nieste die Frau ein drittes Mal.

Da wurde der Mann ärgerlich und rief: »Wenn dir Gott nicht helfen soll, so mag es der Teufel tun!«

»Oh weh«, klagte die Frau da, »hättest du zum dritten Male ›Gott helf!‹ gerufen, wäre ich erlöst worden. Nun aber muß ich wieder hundert Jahre warten, ehe jemand mich erlösen kann.«

DER NAME DES GIEBICHENSTEINS

Als der römische Feldherr Drusus kurz vor Beginn unserer Zeitrechnung sich anschickte, ganz Germanien zu unterwerfen und zur römischen Provinz zu machen, drang er – wie erzählt wird – mit seinen Legionen auch bis zur Saale vor.

Am Fuße des Felsens, auf dem heute die Burgruine Giebichenstein steht, richtete er ein Heerlager ein. Von dort aus wollte er die umliegenden Gebiete erobern.

Eines Abends stand Drusus am Saaleufer und überlegte, wo er am günstigsten eine Brücke über den Fluß schlagen könnte.

Da trat plötzlich eine Frau von übermenschlicher Größe auf ihn zu, schaute ihn mit zornigem Blick an und sprach:

»Geh wec vom Stein,
din Lewen is mein,
kümst newer heim!«

Danach verschwand sie. Drusus war durch die Gestalt und ihre Worte zu Tode erschreckt worden. Am anderen Morgen ließ er das Lager abbrechen und ordnete den Rückzug an.

Von Todesahnung erfüllt, trieb er sein Roß mit den Sporen unaufhörlich an. Schließlich strauchelte das abgehetzte Tier, Drusus stürzte herab und brach sich den Schenkel.

Als er nun so darniederlag, kreisten Wölfe um das Lager, Vorzeichen seines nahen Todes. Am dreißigsten Tage nach dem Unfall starb der römische Feldherr.

Von jenem Wort der geheimnisvollen Frau »Geh wec vom Stein« aber bekam der Giebichenstein seinen Namen.

Es wird aber auch anders erzählt. So soll Kaiser Heinrich II., als er die Burg auf dem Felsen über der Saale an Erzbischof Daganus übergab, gesagt haben: »Dir giv ik den stein«, und fortan wurde sie »Giebichenstein« genannt.

GRAF LUDWIG AUF DEM GIEBICHENSTEIN

Die Burg Giebichenstein wurde einst gern benutzt, Gefangene hinter Schloß und Riegel zu halten. Deshalb ging im Lande das Sprüchlein:

»Wer kommt nach Giebichenstein,
selten kehrt er wieder heim.«

Vor Jahrhunderten war nun auf dieser Burg der thüringische Graf Ludwig eingekerkert. Er wartete auf einen Prozeß vor dem Kaiser, denn er war angeklagt, im Jahre 1065 Friedrich III., Pfalzgraf zu Sachsen, ermordet zu haben.

Zwei Jahre und acht Monate hatte Ludwig schon auf dem Giebichenstein gesessen, da verbreitete sich die Kunde, daß der Kaiser, der länger außer Landes gewesen war, demnächst in Deutschland zurückerwartet werde.

Nun drohte dem Gefangenen der Urteilsspruch, und er konnte in seiner Sache nichts Gutes hoffen.

So sann er und sann, wie er seinem Gefängnis entfliehen könne. Aber das schien so gut wie unmöglich. Die Burg lag hoch auf steilem Felsen über der Saale, Ludwig war in Eisenfesseln geschlagen, die in der Wand befestigt waren, die schwere Kerkertür war verriegelt, und sechs Ritter waren eigens mit der Bewachung des Gefangenen beauftragt.

Und doch sollte es Ludwig gelingen, seinen Wächtern durch eine List zu entkommen.

Er stellte sich sterbenskrank und verlangte nach einem Schreiber, dem er seinen letzten Willen in die Feder diktieren wolle, da er sein letztes Stündlein herannahen fühle. Er bat auch darum, seinen Diener zu seiner Gattin Adelheid schikken zu dürfen, damit er ihr vom Zustand ihres Gemahls berichte.

Den Diener aber beauftragte er, zu einer verabredeten Zeit

mit dem weißen Hengst des Grafen, der den Namen »Schwan« trug, an dem Ufer der Saale zu sein, das der Burg gegenüberlag.

Damit niemand Verdacht schöpfe, sollte er das Roß in die Schwemme führen. Auch sollten einige von des Grafen Leuten sich als Fischer verkleidet auf dem Flusse zu schaffen machen, der damals noch den Fuß des Berges bespülte.

Wenn die Flucht gelänge, gelobte Ludwig, wolle er in seiner Stadt Sangerhausen dem heiligen Ulrich eine Kirche bauen lassen.

Der Gefangene tat nun so, als gehe es ihm von Tag zu Tag schlechter. Er verweigerte Speise und Trank, klagte über Kälte und bat um einen Mantel. Seine Bewacher wurden angesichts seines elenden Zustandes zunehmend sorgloser und befreiten ihn schließlich sogar von seinen Ketten.

Auf seinem Lager erwartete Ludwig nun Tag und Stunde, da seine Getreuen kommen sollten. Zuweilen stand er auf und ging, scheinbar fiebernd und unter Stöhnen, in seinem Gefängnis auf und ab. Das tat er aber nur, um hinabzuschauen, ob seine Helfer schon zur Stelle seien.

Als sie endlich unten bereitstanden, bat er seine Bewacher, das Fenster zu öffnen, da es draußen jetzt im August wärmer sei als in dem kalten Gemäuer. Man erfüllte ihm diesen Wunsch, und danach setzten sich die bewachenden Ritter arglos zum Brettspiel nieder. Da schwang sich Ludwig aus dem Fenster auf eine Felsklippe und sprang von dort mit einem mächtigen Satz hinab in die Saale. Die Luft fing sich in seinem Mantel, bauschte ihn auf, und dadurch wurde die Wucht des Aufpralls gemildert.

Der Graf wurde von seinen Mannen sofort in einen Kahn gezogen und ans andere Ufer gerudert. Dort warf sich Ludwig auf sein Pferd und galoppierte in Windeseile davon in die Freiheit.

Bevor die Burgwächter seine Flucht bemerkten und ehe sie die Verfolgung aufnehmen konnten, war er längst über alle Berge.

Seither trug Graf Ludwig den Beinamen »der Springer«.

In Sangerhausen aber ließ er die Ulrichskirche bauen, wie er es auf dem Giebichenstein gelobt hatte.

DER NIX VON GIEBICHENSTEIN

Bei Giebichenstein lebte in der Saale ein Nix mit seiner Frau. Eines Nachts kam dieser zu einer Hebamme und bat sie, ihm zu folgen. Aus Angst weigerte sie sich zuerst, aber als der Nix drohte, sie unverzüglich zu erschlagen, wenn sie ihn nicht begleite, ging sie bangen Herzens mit ihm.

An der Saale angekommen, schlug der Nix mit einer Rute auf das Wasser. Es zerteilte sich, und man sah eine herrliche breite Treppe in den Fluß führen. Die schritten sie hinab und betraten unten das Haus des Nix, das so prächtig wie ein Königspalast war.

Der Nix führte die Hebamme zu einem Nixweibchen, das in Kindsnöten war. Dem half die Frau bei der Geburt, und als alles vorüber war, ging der Nix hinaus, um den Lohn für die Hebamme zu holen.

Das Nixweibchen aber raunte ihr zu: »Wenn mein Mann Euch reichen Lohn bietet, nehmt nur so viel, wie Ihr auch sonst bei den Menschen bekommt.«

Da kam der Nix zurück und stellte eine große Kiste voll Goldgulden und anderer Münzen vor die Hebamme hin.

»Nehmt Euch, so viel ihr wollt«, forderte er die Frau auf. Sie nahm aber nur ein Viergroschenstück.

»Euer Glück, Alte«, sprach der Nix. »Hättet Ihr mehr genommen, wäre es Euer Verderben gewesen. Ich hätte Euch den Hals gebrochen.«

Danach führte er die Hebamme wieder die Treppe hinauf. Als sie am Ufer angelangt war, hörte sie hinter sich das Wasser zusammenschlagen. Aber sie schaute sich nicht um und lief eilends nach Hause.

DIE GOLDENE ENTE ZU GIEBICHENSTEIN

Von der Moritzburg in Halle soll ein unterirdischer Gang nach Giebichenstein führen, und an dessen Ende sitze eine goldene Ente auf drei goldenen Eiern. Niemand weiß jedoch, wo der Gang mündet. Sonst wäre dieser Schatz wohl schon längst gehoben worden.

Einst wagten drei Hallorenfrauen, die sehr neugierig waren, einen Versuch, ans Ende des finsteren Ganges zu kommen. Sie nahmen eine Lampe mit und befestigten am Eingang des Stollens den Faden eines Wollknäuels, den sie abspulten, um den Rückweg wieder zu finden.

Sie hatten aber kaum ein Drittel des Weges zurückgelegt, da erlosch die Lampe in dem zugigen Gang. So mußten sie unverrichteter Dinge umkehren.

Zum Andenken an diesen Versuch wurden die Mieder dieser drei Frauen noch lange in der Sakristei der Moritzkirche aufbewahrt und gezeigt.

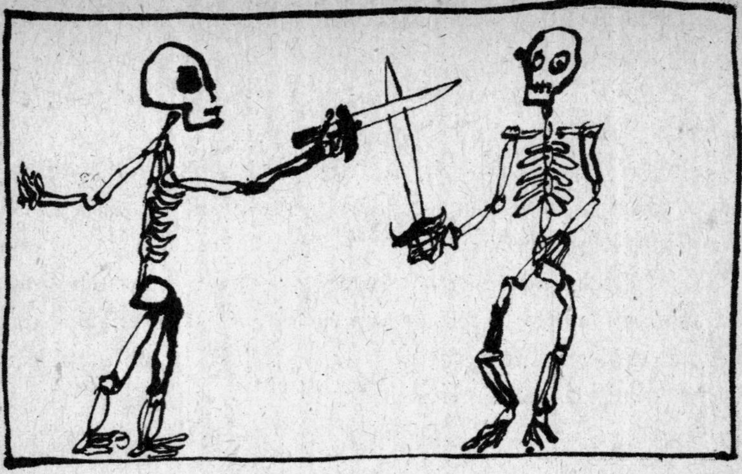

DIE KRÖLLWITZER BRÜDERHÖHLE

Wenn man von der Kröllwitzer Brücke entlang der Saale in Richtung Heide geht, sieht man rechts hohe Felsen, und an ihrem Fuß befindet sich eine Höhle, die den Namen »Brüderhöhle« trägt.

Einst lebten in Kröllwitz zwei Brüder, die sich in ein und dasselbe Mädchen verliebt hatten. Das brachte die Ärmste in argen Zwiespalt, und sie konnte sich für keinen von beiden entscheiden.

Da kam es vor der Felsenhöhle zwischen den Brüdern zum Zweikampf. Dabei verloren beide ihr Leben.

Das Mädchen aber bestattete sie in der Höhle, die seither die »Brüderhöhle« heißt.

Wenn man nachts vor ihr steht, hört man noch immer Waffengeklirr, denn auch im Tode kämpfen die beiden Brüder als Geister miteinander um das Mädchen, das sie einst liebten.

DIE TEUFELSKÜCHE BEI KRÖLLWITZ

Saaleabwärts hinter Kröllwitz befindet sich eine Felsengrotte, die von den Fischern die Teufelsküche genannt wurde. Sie benutzten sie selbst oft, um sich dort etwas für ihr leibliches Wohl zuzubereiten.

Aber einmal im Jahr, am weißen Sonntag, versammelten sich in dieser Höhle die Nixe und Nixen aus der Saale und feierten darin ein großes Fest.

Die Fischer wußten das und setzten ihnen jedesmal, ehe es begann, Kuchen und Wein in die Grotte, und die Nixen segneten ihnen zum Dank für das kommende Jahr ihren Fischfang.

DER SCHÄFER VON KRÖLLWITZ

Auf dem Kröllwitzer Ochsenberg lagen einst viele große Steine, und deren Herkunft wird so erklärt.

Eines Morgens trieb ein Schäfer seine Herde auf den Berg. Dort trat eine alte Frau an ihn heran und bat um ein Stück Brot. Das war die Frau Holla.

Sei es, daß der Schäfer mißgelaunt war, weil er schlecht geschlafen hatte, oder daß er im Übermut handelte, jedenfalls nahm er seinen Hütestab, stach damit in eine Pfütze und spritzte der Alten Schlamm ins Gesicht. »Da, nimm das, du alte hutzlige Gurke!« rief er.

Kaum hatte er das gesagt, war die Bittstellerin bei ihm und schlug ihm mit ihrem Stecken ins Gesicht. Davon wurden er, seine ganze Herde und die Hütehunde zur Strafe in Steine verwandelt.

DER SCHÄFER VON TROTHA UND DIE SAALENIXEN

In Trotha lebte einst ein Schäfer, der des Nachts oft auf dem dortigen Felsen saß, den Lauf der Gestirne beobachtete, aus dem er die Zukunft las, und der auch zuweilen auf seiner Schalmei sehnsüchtige oder heitere Weisen blies, je nachdem, wie ihm ums Herz war.

Eines Abends ließ er eine lustige Melodie erschallen, und da sah er plötzlich, daß auf der anderen Seite der Saale eine Schar Nixen auf einer Wiese zu seiner Musik fröhlich tanzte. Als aber die Glocke vom Kirchturm die elfte Stunde schlug, huschten die Nixen alle in die Saale und ließen sich nicht mehr blicken.

Am nächsten Abend musizierte der Schäfer abermals, und bald erschienen auch die Nixen und tanzten erneut zu seinen Weisen. Kaum aber schlug die Uhr elf, verschwanden sie eilig im Strom. So ging das eine ganze Weile.

Doch da stach den Schäfer der Hafer, und er wollte die Nixen necken. Er stellte die Kirchturmuhr um eine Stunde

zurück. Danach ging er wieder zum Trothaer Felsen und blies seine Schalmei. Die Nixen kamen erneut und tanzten fröhlich nach seiner munteren Melodie. Er spielte ein Lied nach dem anderen, und den Nixen verging die Zeit wie im Fluge. Schließlich schlug die Uhr elf, und sie verschwanden wie immer rasch im Fluß.

Aber diesmal hörte der Schäfer, daß aus der Tiefe der Saale Weinen und Schluchzen, ja Wehklagen und Jammern erscholl. Darüber wurde ihm ganz beklommen ums Herz. Betrübt ging er nach Hause und konnte in dieser Nacht keinen Schlaf finden.

Bei Sonnenaufgang lief er zum Trothaer Felsen, und da sah er dort, wo die Nixen am Abend zuvor in die Saale getaucht waren, einen breiten Blutstreifen im Wasser.

Fassungslos lief er den ganzen Tag umher. Am Abend eilte er wieder zum Felsen und blies auf seiner Schalmei. Aber so viel er auch blies, keine Nixe ließ sich sehen. Sie hatten den Tod erleiden müssen, weil sie aus den Gefilden der Menschen zu spät in ihr Reich zurückgekehrt waren.

An diesem Abend fühlte sich der Schäfer elend und schwach. Er legte sich zu Bett und starb noch in dieser Nacht.

Es heißt nämlich, daß einem Menschen, der das Jammergeschrei einer sterbenden Nixe gehört hat, das Herz zerspringt und er ebenfalls sterben muß.

DIE NIXE VON TROTHA

Da die Stadt Halle und ihre Umgebung reich an Gewässern sind, lebten hier auch viele Wassergeister oder Nixen, weibliche und männliche.

In Trotha hatte eine Nixe ihren Wohnsitz in der Saale. Alles, was sie brauchte, kaufte sie auf dem Markt in Halle

ein. Sie war leutselig und unterhielt sich auf dem Hin- und Rückweg mit allen, die gleich ihr unterwegs waren. Aber keiner der Menschen wußte, daß er eine Nixe vor sich hatte. Sie sahen nur, daß ihre Schürze immer naß war.

Als sie wieder einmal auf dem Wochenmarkt einkaufte, fiel dem Fleischer auf, daß sie nur ein Nasenloch hatte. Daran merkte er, daß sie eine Nixe war.

Er bat sie nun, mit dem Finger auf das Stück Fleisch zu zeigen, das sie gern haben wollte. Sie tat das auch, und da schlug der Fleischer tückisch mit seinem Beil zu und hackte ihr die Hand ab. Sie schrie auf und lief zornig weg, nachdem sie dem Manne grimmig zugerufen hatte: »Eines Tages werde ich mich an dir rächen!«

Von da an nahm sich der Fleischer aus Angst vor der Rache der Nixe sehr in acht und mied alle Gewässer. Eines Tages aber geriet er in einen heftigen Gewitterregen, der die ganze Gegend zu überschwemmen drohte. Er lief schneller und schneller, um dem Wasser zu entrinnen, aber plötzlich rutschte er aus, stürzte in einen Wassergraben und ertrank. So hatte die Nixe an ihm Vergeltung für seine schlimme Tat geübt.

DIE STEINERNE JUNGFRAU BEI DÖLAU

Bei Dölau steht mitten auf dem Feld ein großer Stein, der die Gestalt eines Mädchens hat. Der ist so entstanden: Vor Zeiten war einmal ein Fräulein unterwegs von Dölau, wo sie Brote eingekauft hatte, nach Lettin. Da wurde sie von einem Gewitter überrascht, und der starke Regen verwandelte den Boden bald in Morast. An einer Stelle konnte sie nun nicht weiterkommen, ohne ihr Kleid zu beschmutzen. Sie blieb stehen und überlegte, was zu tun sei. Doch dann warf

sie kurz entschlossen eines ihrer Brote in die Pfütze und benutzte es als Trittstein. Aber für diesen Frevel wurde sie unverzüglich bestraft. Sie erstarrte nämlich zur Steinsäule und warnt so bis zum heutigen Tag alle davor, das Brot geringzuachten.

DER TROMPETERFELSEN

Bei Lettin springt ein steiler Porphyrfelsen weit in die Saale hinein, der seit dem Dreißigjährigen Kriege den Namen Trompeterfelsen trägt. Und das kam so.

In diesen Kriegszeiten wurde einmal ein schwedischer Trompeter von Feinden verfolgt, und er konnte sich nur dadurch retten, daß er seinem Roß die Sporen gab und mit einem kühnen Sprung vom hohen Felsen hinab in die Saale zu entkommen suchte.

Glücklich erreichte er auch das andere Ufer und schien in Sicherheit. Sogleich stimmte er aus Dankbarkeit für die Rettung auf seiner Trompete den Choral »Nun danket alle Gott« an. Aber während er noch blies, traf ihn vom anderen Ufer eine feindliche Kugel und löschte sein Leben aus. Der Name Trompeterfelsen bewahrt die Erinnerung an sein tragisches Geschick.

DER SCHATZ IN DER HEIDE

Auf der Bischofswiese soll einer der Erzbischöfe von Magdeburg, die jahrhundertelang die hallischen Stadtherren waren und auf dem Giebichenstein und auf der Moritzburg residierten, in unruhigen Kriegszeiten seinen Schatz vergraben und ihn später nicht wiedergefunden haben. Auf dieser Wiese war nämlich früher ein Kolk, d. h. ein sumpfiges Gelände. In warmen Sommernächten entstiegen ihm Gase, die sich entzündeten und als Irrlichter umhergeisterten. Aber die Menschen glaubten, es brenne der Schatz, und viele haben nachts danach gegraben. Ohne Erfolg. Es heißt, daß nur ein unbescholtenes Sonntagskind ihn eines Tages heben wird.

DIE UNHEIMLICHE GESTALT IN DER HEIDE

Einstmals kam ein hallischer Fischer auf seinem Heimwege nach Mitternacht durch die Dölauer Heide. Als ihm seine Tabakspfeife ausgegangen war, lehnte er sich an einen Baum, um sie wieder anzuzünden.

Plötzlich erblickte er ganz in der Nähe eine männliche Gestalt, die unter einem Baum saß. Sie war nur mit Hemd, Unterhose und weißer Zipfelmütze bekleidet, und neben ihr lag ein langes Messer. Der Fischer war zu Tode erschrocken und wußte nicht, wie er sich verhalten solle. Er fürchtete, daß die Gestalt jeden Moment aufspringen und mit dem Messer auf ihn losgehen könnte.

Aber das tat sie nicht, ja sie schien den Fischer gar nicht zu bemerken, sondern starrte unverwandt auf ihre Hände und bewegte sie, als ob sie sie wasche.

Da bemerkte der Fischer, daß die Hände und die Hose der unheimlichen Gestalt ganz blutbesudelt waren.

Während er noch überlegte, ob er die Erscheinung ansprechen oder sich heimlich entfernen solle, schlug die Nietlebener Turmuhr die erste Stunde, und im Nu war die Gestalt verschwunden.

Als der Fischer am andern Tag erzählte, was ihm nachts in der Heide widerfahren war, sagte man ihm, an der genannten Stelle sei vor Jahren ein Mord begangen worden, der bisher noch nicht gesühnt wurde.

DIE HEIDEPRINZESSIN

In der Dölauer Heide gibt es einen Berg, der früher den Namen Zorgesberg trug. In seinem Innern soll sich ein herrliches Schloß befinden, in dem die Prinzessin Zorges wohnt. Sie ist in diesen Berg verbannt worden und darf ihn nur um Mitternacht verlassen. Dann erscheint sie denen, die zu dieser Zeit durch den Wald kommen, in schwarzem Kleid mit weißer Schürze und einer hohen schwarz-weiß gewürfelten Mütze auf dem Kopf.

So hat sie schon manchen, der Unrechtes vorhatte, mit rasselndem Schlüsselbund erschreckt. Wer aber ein gutes Gewissen hat, braucht von ihr nichts zu fürchten. Den belohnt sie und bittet ihn um Beistand, damit sie erlöst werden könne.

Manchmal reitet sie auch in weißem Kleid auf einem schwarzen Pferd in Begleitung eines Hundes nach dem Granauer Holz. Am »weißen Berge« taucht sie als »weiße Frau« auf und hat dort schon mehrmals Fuhrleute vor einem Waldgeist gewarnt, der auf den Straßen der Gegend gern die Wagen umgeworfen hat.

Die Prinzessin Zorges ist aber auch die »weiße Frau«, die man in Dölau öfters in einer von Ziegenböcken gezogenen Kutsche umherfahren sieht.

Wie immer sie in Erscheinung tritt, wenn die Kirchturm-

uhr. eins schlägt und das Ende der Geisterstunde anzeigt, muß sie in ihren Berg zurück.

DER WILDE JÄGER IN DER HEIDE

An stürmischen Abenden im November oder in den Zwölfnächten tobt der wilde Jäger mit seinem Gefolge durch die Dölauer Heide. Ohne Kopf auf einem Schimmel sitzend, führt er die »wilde Jagd« an, zu der auch eine Hundemeute gehört. Wem sie begegnet, der sollte sich sogleich flach auf die Erde werfen. Dann zieht alles über ihn hinweg, und er nimmt keinen Schaden.

Schlimm aber ergeht es denen, die den wilden Jäger anschauen oder ihn gar verspotten. Denen dreht er den Kopf so um, daß die Augen nach hinten schauen, oder er macht, daß solchen Menschen ein gräßlicher Buckel wächst.

Zuweilen reitet der wilde Jäger nicht in der Heide, sondern über sie hinweg durch die Lüfte. Das ist stets ein böses Vorzeichen, denn innerhalb von drei Tagen gibt es dann immer Stürme und Unwetter.

Der wilden Jagd kann man in den Herbst- und Winternächten aber auch im Mittelholz bei Gutenberg und an anderen Orten begegnen.

HEILUNGEN AM KOLKTURMBERG

Am Kreuzweg zu Füßen des alten Bischofsberges in der Dölauer Heide, der jetzt wegen des Kolkturmes, der auf ihm errichtet wurde, der Kolkturmberg heißt, soll es in fernen Jahrhunderten zu wunderbaren Heilungen gekommen sein. Wer sich das Bein verrenkt hatte, brauchte nur dorthin zu kommen, einen Stein auf den Fuß des vertretenen Beines zu legen, ihn über den Kreuzweg zu schleudern, und schon war er geheilt. Auch Lahme auf Krücken brauchten diese nur über den Kreuzweg zu werfen und konnten danach unbehindert heimgehen.

Auch andere Krankheiten soll man dort auf wunderbare Weise losgeworden sein.

DAS MÜLLERGRAB ZU BÖLLBERG

Rechts der Straße, die von Böllberg nach Wörmlitz führt, findet man noch heute drei Steinkreuze stehen. Damit soll es dies auf sich haben.

Einstmals kamen drei Müllerburschen, die auf der Walz waren, nach Böllberg und fragten in der dortigen Mühle nach Arbeit. Die war vorhanden, und die Gesellen wurden angestellt. In der Mühle gab es aber eine schöne Müllerin, und sie versprach dem der drei Burschen die Ehe, der am besten zimmern könne.

Jeder von ihnen wollte sie zur Frau gewinnen, und so brach wilde Eifersucht unter den dreien aus. Zuerst beschimpften sie einander, aber bald griffen sie zu ihren Äxten und hieben aufeinander los. Dabei wurde einer von ihnen erschlagen. Die beiden anderen kämpften jedoch weiter, bis auch der zweite tot umfiel. Da packte den überlebenden Müllerburschen das Entsetzen, und in seiner Verzweiflung bohrte er sich ein Messer ins Herz.

Als die Müllerin sah, welches Unglück sie mit ihrem Eheversprechen heraufbeschworen hatte, wurde sie von tiefer Reue ergriffen. Sie ließ die drei Toten bestatten und setzte jedem ein Kreuz auf ihr gemeinsames Grab.

Dann ging sie in ein nahes Kloster, wurde Nonne und büßte bis an ihr Lebensende für das, was sie mit ihren Worten angerichtet hatte.

DER SCHATZ VON DER SILBERHÖHE

Nördlich der Ortschaft Beesen liegt ein kleiner Hügel, der die Silberhöhe heißt. Dieser Name ist in unseren Tagen auf den neuen Stadtteil im Süden Halles übergegangen.

Mit dieser Bezeichnung soll es folgende Bewandtnis haben: Im Dreißigjährigen Krieg, als immer wieder plündernde Truppen durch das Land zogen, vergrub der Amtmann des Rittergutes Beesen sein Silbergeschirr auf dem nahegelegenen Hügel, um es vor dem Zugriff der beutegierigen Soldaten zu bewahren.

Der Amtmann starb aber bald darauf. Seine Söhne, die ihr Erbteil wieder ausgraben wollten, nachdem Friede eingekehrt war, kannten die Stelle nicht, an der ihr Vater das wertvolle Gut vergraben hatte, und sie konnten sie trotz eifrigen Suchens auch nicht finden.

Die Kunde von dem vergrabenen Schatz ließ auch später manch einen nicht ruhen, der bei Nacht mit dem Spaten loszog, um sein Glück zu machen.

In der Nähe des Hügels aber war ein Sumpf, aus dem beständig Gase emporstiegen. In warmen Nächten entzündeten sich diese und bildeten Irrlichter. Die Schatzgräber glaubten nun, daß dieses Leuchten von dem Silber komme, und sie folgten den Lichtern. Aber sie wurden durch sie nur in den Sumpf gelockt und kamen darin elend um.

Bis auf den heutigen Tag soll der Silberschatz noch nicht gefunden sein.

DER NIX BEI BEESEN

Bei Beesen gab es einstmals Goldsand in der Elster, und oft fanden die Bauern beim Schlachten des Geflügels in den Mägen ihrer Gänse und Enten Goldkörner.

Eines Tages nun sonnte sich ein Nix am Ufer des Flusses. Einige Burschen des Dorfes, die ihn bemerkt hatten, wollten ihn jedoch ärgern und warfen mit Steinen nach ihm.

Zornig verschwand der Nix daraufhin im Wasser. Aber er rächte sich für die Anfeindung der Beesener, indem er das Gold des Flusses in gelben Sand verwandelte, der seither nur noch statt des Goldes in der Elster gefunden wurde.

DAS EINGEMAUERTE KIND

Zwischen Ammendorf und Beesen unterhalb der Broyhan-Schenke führt eine Steinbrücke über die Weiße Elster. An ihrer Ostseite befand sich eine Steinplatte, hinter der ein Kind lebendig eingemauert worden sein soll. Das kam so: Als die Brücke im Bau war, rissen die Wassergeister voller Unmut über Nacht immer alles wieder ein, was die Bauleute tagsüber geschaffen hatten.

Das ereignete sich eine Zeitlang, bis eines Tages ein Mönch vorbeikam, dem die Brückenbauer ihr Leid klagten.

Dieser sprach darauf: »Ihr werdet euern Bau nur vollenden, wenn ihr die Wassergeister besänftigt.«

»Wie sollte das geschehen?« wurde er gefragt.

»Nun, ihr müßt etwas Lebendiges als Bauopfer in die Brücke einmauern, am besten ein Kind.«

Die Männer erschraken und riefen: »Um Gottes willen, wo sollen wir das hernehmen?«

»Das laßt meine Sorge sein«, erwiderte der Mönch, »ich werde es euch beschaffen.«

Nicht lange darauf fuhr ein Wagen an der Brücke vor, und darauf saß eine Nonne, die ein Kind auf dem Schoß hielt. Das bot sie den Bauleuten dar. Sie reichte dem Kinde noch eine Semmel, verabschiedete sich von ihm und verließ eilig den Ort.

Die Männer aber nahmen das Kind, setzten es in eine Nische und mauerten diese zu, während das Kind herzzerreißend weinte.

Fortan ließen die Wassergeister das Bauwerk in Frieden.

Die Mutter des Kindes fand aber selbst nach ihrem Tode keine Ruhe wegen ihrer schlimmen Tat. Jede Nacht zur Geisterstunde findet sie sich an der Brücke ein, beklagt ihr armes Kind und zerfließt in Tränen aus Reue über das, was sie getan.

DAS BÄUMCHEN

An der alten Handelsstraße, die von Halle aus nach Nürnberg und weiter nach Regensburg führte und auf der die Fuhrleute das kostbare Salz nach Franken und Bayern transportierten, stand einst in der Nähe von Ammendorf eine Ulme, die den Namen »das Bäumchen« trug.

Darüber wird dies erzählt: Einst hatte ein Salzfuhrmann aus Bayern sein Söhnchen auf die lange Fahrt nach Halle mitgenommen. Auf der Rückreise war der Knabe eingeschlafen, aus der Schoßkelle auf die Straße gefallen und von dem schwerbeladenen Wagen überrollt worden. Da der Vater die Leiche des Kindes auf die weite Heimreise nicht mitnehmen konnte, schaufelte er dem Sohne am Straßenrand ein Grab und legte den toten Körper hinein. Um aber die Stelle zu bezeichnen, wo das Kind seine letzte Ruhe gefunden hatte, nahm er eine junge Ulme, die in der Nähe wuchs, und pflanzte sie auf das Grab. Aus ihr wurde im Lauf der Jahre ein prächtiger Baum, der dadurch auffiel, daß er die Gestalt eines Pilzes hatte.

Es wird aber auch noch von einem anderen Ursprung des Baumes erzählt. Als die Theologische Fakultät der hallischen Universität das Rittergut Beesen als Tafelgut für den studentischen Freitisch ankaufte, habe August Hermann Francke, der Begründer der Franckeschen Stiftung, kräftig beigesteuert, und bei der Übergabe habe er auf den Ackerplan »Die

sieben Hufen«, der zum Rittergut gehörte, eigenhändig dieses Bäumchen gesetzt.

Erst im Jahre 1909 wurde der Baum gefällt. Er mußte einem Tagebau weichen. Aber die Erinnerung an ihn wurde bewahrt, indem man eine Straße in der Nähe »Bäumchenstraße« benannte.

DER ZIEGENBERG

In der Nähe von Beesen liegt zwischen Elster und Saugraben ein Hügel, der der Ziegenberg heißt. Wie er zu seinem Namen gekommen ist, erzählt die Sage so.

Einst lebte in Beesen eine Witwe mit ihrem dreizehnjährigen Sohn Michel. Dieser war ein ziemlich verträumter Knabe, und als im Dorfe ein Ziegenhirte gesucht wurde, war die Mutter froh, ihm diese Stellung verschaffen zu können, damit der Junge zu einer geregelten Beschäftigung finde.

Nun hütete Michel fortan Tag um Tag die Ziegen, und sie wurden ihm zunehmend lieber. Er gab ihnen auch hübsche Namen wie Silberhälschen, Bachstelzchen oder Zottelbart. Aber auch als Ziegenhirte konnte Michel das Träumen nicht lassen. Oft lag er auf dem Rücken im Grase, schaute in den blauen Himmel mit seinen ziehenden Wolken, ließ seine Gedanken spielen, und nicht selten geschah es, daß er darüber einschlief. Die Ziegen liefen, wohin sie wollten, und manche verirrte sich auch. Die Dorfkinder sangen dann, um Michel zu hänseln, den Spottvers:

»Es war einmal ein Schäfer,
ein rechter Siebenschläfer,
den kümmerte kein Schaf.
Da ist der Wolf gekommen
und hat hinweggenommen
die Schaf' und auch den Schlaf.«

Da wurde Michel immer ganz rot vor Scham. Und doch kam das Träumen immer wieder über ihn – und auch der Schlaf.

Nun war er an einem schwülen Sommertag wieder einmal eingeschlummert und hatte nicht bemerkt, daß finstere Gewitterwolken am Himmel aufzogen.

Bald brach ein Gewittersturm los, der Wind riß Zweige und Äste von den Bäumen, Blitze zuckten, der Donner krachte, und bald öffneten sich die Schleusen des Himmels.

Michel war darüber erwacht, blickte entsetzt um sich und hielt Ausschau nach seinen Ziegen. Nach einigem Bemühen hatte er seine Herde auch wieder beisammen, und die verängstigten Tiere scharten sich um ihren Hirten.

Bald gab der Baum, unter den er sich geflüchtet hatte, keinen Schutz mehr vor dem Gewitterguß; Hirte und Ziegen waren völlig durchnäßt. Und es goß und goß, ohne daß ein Ende abzusehen war. Bald trat die Elster über ihre Ufer und überschwemmte das Land.

Da sah Michel nur noch Rettung auf einem nahegelegenen Hügel, und auf den zog er sich mit seiner Herde zurück. Bald war er von den rauschenden Wassern umspült, und Silberhälschen verlor sogar den Halt, rutschte ab und wurde von den Fluten weggerissen. Da packte den Jungen die Angst.

Er schrie »Hilfe! Hilfe!«, aber im Getöse des Unwetters verhallte sein Ruf. Nun stieß er mit aller Kraft in sein Hirtenhorn, daß es schauerlich durch die Aue hallte. Und das wurde gehört. Sogleich warfen sich beherzte Männer in die Kähne und bargen den Knaben und die Ziegen.

Seither trägt dieser Hügel den Namen »der Ziegenberg«.

Es heißt aber, daß Michel nach diesem schlimmen Erlebnis beim Ziegenhüten nie mehr geträumt oder geschlafen habe.

DIE VERSUNKENE BURG AN DER ELSTER

Bei dem Dorfe Burgliebenau südöstlich von Halle soll es am Elsterufer einst eine Burg gegeben haben. Vor Jahrhunderten bewohnte sie ein edler Herr, dem die ganze Umgegend untertan war. Er war zwar reich, aber auch sehr hartherzig gegen Arme und barsch gegen jedermann.

Als nun einmal an einem Frühlingsabend ein fürchterliches Unwetter über die Elsteraue zog, von solchen Regengüssen begleitet, daß die Elster und die Luppe über die Ufer traten und ihr Wasser zusammenfloß, kam ein altes Mütterchen völlig erschöpft auf der Burg an und bat um Aufnahme.

Der Burgherr aber herrschte sie an, daß er für Gesindel kein Unterkommen habe. Sie solle sich davonscheren.

Auch ihr Hinweis, sie kenne sich in der Gegend nicht aus und wisse bei dem ansteigenden Wasser nicht, wohin sie gehen solle, fruchtete bei ihm nichts. Der herzlose Burgherr ließ am Ende die Hunde auf die Alte hetzen.

Das hätte er besser nicht tun sollen, denn kurz darauf fielen er und sein Gesinde in einen tiefen Schlaf, und zugleich fing die Burg an, tiefer und tiefer zu sinken, bis man selbst ihre Zinnen nicht mehr sehen konnte.

Das alte Mütterchen war nämlich eine zauberkräftige Fee. Sie hatte schon viel von dem harten Sinn des Burgherrn vernommen, und nun hatte sie sich davon überzeugen wollen, ob das alles wahr sei.

Aus Zorn über die Behandlung, die ihr widerfahren war, hatte sie die Burg verwünscht, und sie war darauf im Wasser versunken. Nur alle sieben Jahre in der Johannisnacht um zwölf Uhr sollten sich fortan ihre Tore öffnen, und dann durften ihre Bewohner sie für eine Stunde verlassen. An der Spitze des Zuges ritt der Burgherr auf seinem stolzen Roß, und alles folgte ihm zu einem Jagdzug in die nahen Wälder. Aber mit dem Glockenschlag Eins mußten alle wieder in der Burg sein, deren Tore sich dann schlossen.

In dieser einen Stunde, in der die Burgbewohner abwesend waren, hätte – so heißt es – ein Sonntagskind eindringen und die Burg von der bösen Verzauberung befreien können. Aber dazu hätte es drei Aufgaben lösen müssen. Wenn das gelungen wäre, hätte sich die Burg wieder über die Erde erhoben, und dem, der die Burg entzaubert hätte, wäre das schöne Burgfräulein als Gattin zuteil geworden.

Vor vielen Jahren wäre es fast einem geglückt, die Burg zu befreien. Ein Wanderer nämlich hatte sich in der Johannisnacht im Walde verirrt und war ermüdet auf dem alten Burgwall eingeschlafen. Um Mitternacht wurde er von den Geräuschen aufgeweckt, die der Zug aus der versunkenen Burg verursachte.

Zugleich aber trat das schöne Burgfräulein mit langen blonden Haaren vor den Wanderer hin und sprach: »Folge mir, ich glaube, du kannst zu unserem Retter werden. Aber laß uns eilen, denn unsere Zeit ist bemessen.«

Sie betraten die Burg, wo der Mann drei Aufgaben lösen sollte.

Zuerst wurde er zu einem Raben geführt, der in der Burg

frei herumhüpfte und Worte in einer fremden Sprache ausstieß, die er deuten sollte. Nachdem ihm das gelungen war, hob sich die Burg schon ein Stück in die Höhe.

Darauf sollte er einen gewaltigen Speer durch einen ziemlich engen Ring werfen, der an einem Strick aufgehängt war. Danach hätte er als Drittes ein gewaltiges Trinkhorn auf einen Zug bis zum Grunde leeren müssen. Aber er schaffte es schon nicht, den Speer durch den Ring zu schleudern.

Während er sich noch damit abmühte, schlug die Glocke vom Turm die erste Stunde. Da versank die Burg in die Tiefe und der Wanderer mit ihr. Gleich den anderen Burgbewohnern verfiel er augenblicklich in einen tiefen Schlaf.

Erst nach sieben Jahren, als sich die Burg in der Johannisnacht wieder öffnete, konnte er den Versuch machen, die beiden restlichen Aufgaben zu lösen, was ihm abermals nicht gelang. Da verließ er die Burg schnell, um wieder, ehe sie sich erneut schloß, an die Oberwelt zu kommen.

Seither ist es auch keinem anderen geglückt, die Burg zu entzaubern und das liebliche Burgfräulein mit den langwallenden blonden Haaren zu gewinnen.

DER BÜSCHDORFER KOBOLD

In Büschdorf lebte einst eine alte Frau, die steinreich war. Man sagte, das verdanke sie einem Kobold. Dieser saß den ganzen Tag in ihrer Stube auf dem Herd, und sie unterhielt sich mit ihm.

Neugierige Nachbarn, die unter dem offenen Fenster stehengeblieben waren, haben von ihren Gesprächen Brocken aufgeschnappt, und sie wollten gehört haben, daß der Kobold gefragt hat: »Nun, Alte, was wünschst du dir?«

»Ach, mein Söhnchen«, soll sie dann darauf geantwortet

haben, »eine goldene Kette« oder »einen Beutel Dukaten hätte ich gern.« Auch noch anderes wünschte sie sich so.

Dann flog der Kobold immer zum Schornstein hinaus, und es dauerte gar nicht lange, so war er zurück und überreichte ihr, was sie gern gehabt hätte.

Auf solche Weise war die Alte zu ihrem Reichtum gekommen.

DIE GEKRÄNKTE NIXE

In Benndorf hatte sich einstmals ein Schäfer in eine Nixe verliebt. Er verließ seine Frau und lebte fortan mit der Nixe auf dem Grunde eines Sees. Nach einiger Zeit aber hatte er Verlangen, seine Freunde und Verwandten wiederzusehen.

Da bat er seine Nixe, einmal auf die Erde zurückkehren zu dürfen. Nachdem er ihr hoch und heilig versichert hatte, daß er zu ihr zurückkehren werde, gestattete sie ihm diesen Besuch. Aber sie drohte, sich an ihm zu rächen, wenn er sein Wort nicht halte.

Als der Schäfer nun auf der Erde war, die liebliche Sonne und die grünen Wiesen sah und sie genoß, erschien ihm das Leben unter dem Wasser widerwärtig, und er beschloß, nicht wieder zu seiner Nixe zurückzukehren. Er hütete wieder seine Schafe und war glücklich dabei.

Aber die Drohung der Nixe vergaß er nicht, und so hielt er sich immer von Seen, Bächen oder Brunnen fern, denn er wußte, daß an solchen Stellen die Nixe Macht über ihn gewinnen konnte.

Eines Tages war es glutheiß, und die Zunge klebte ihm am Gaumen vor Durst. Da sah er eine kleine Pfütze am Wege, die ihm Labe versprach.

»Hier«, dachte er, »kann mir die Nixe gewiß nichts anhaben«, und er neigte sich hinab, um zu trinken.

Aber er hatte sich getäuscht. Kaum hatten seine Lippen das Wasser berührt, spürte er einen Griff im Nacken, und unter heiserem Gekicher wurde sein Gesicht mit Macht ins Wasser gedrückt, so daß er keine Luft mehr bekam und erstickte.

DIE VERZAUBERTE JUNGFRAU

In einem Dorf bei Halle – man weiß nicht mehr, welches es war – wurde die Dienstmagd des Pfarrers eines Nachts durch ein lautes Poltern aus dem Schlafe geweckt, und als sie die Augen aufschlug, sah sie eine weiße Gestalt, die ihr winkte, sie solle ihr folgen.

Am anderen Morgen erzählte sie dem Pfarrer von der

Erscheinung, aber er verspottete sie nur wegen ihres Aberglaubens und riet ihr, vor dem Einschlafen eifrig zu beten, dann würden ihr böse Träume erspart bleiben.

Doch in der folgenden Nacht wiederholte sich die Erscheinung, und die weiße Gestalt bat das Mädchen diesmal aufzustehen und ihr zu folgen. Aber aus Furcht tat es die Magd nicht.

Der Pfarrer, dem sie am Morgen wieder alles erzählte, sprach: »Wenn die Gestalt dich zum dritten Male heimsuchen sollte, so steh auf und tue in Gottes Namen, was sie von dir verlangt.«

Und wirklich kam die Gestalt auch in der dritten Nacht. Die Magd erhob sich und folgte ihr. Sie wurde in den Keller des Pfarrhauses vor eine Tür geführt, die sie nie zuvor bemerkt hatte. Man schritt durch andere Keller und Gewölbe, die Gestalt mit einer Kerze in der Hand voran, und schließlich betraten sie ein kleines Gemach, an dessen Boden ein wahrer Schatz lag: Ketten aus Gold und Silber, Ringe, Armspangen und viele andere Kleinodien.

»Sieh, dies alles ist dein«, sprach die weiße Gestalt zu der Magd. »Nimm es und lebe glücklich damit.«

Das Mädchen glaubte zu träumen. Voll Entzücken schaute sie alles an, konnte sich aber nicht entschließen, etwas davon zu nehmen.

Da raffte die weiße Gestalt die Schürze der Magd und warf ihr mit eigenen Händen alle Schätze hinein. Als das geschehen war, trat plötzlich eine prachtvoll gekleidete schöne Jungfrau in das Gemach. Sie weinte vor Freude und rief: »Gott sei gelobt, nun bin ich erlöst!« Sie eilte in ihrem Glück auf die Magd zu und wollte sie aus Dankbarkeit umarmen. Aber das Mädchen erschrak davon so sehr, daß ihr die Schürzenzipfel aus der Hand glitten und alle Kleinodien auf den Boden fielen.

Im gleichen Augenblick war alles verschwunden, die weiße Gestalt, die schöne Jungfrau und alle Schätze. Auch das Licht war erloschen, so daß die Magd im Dunkeln umhertappte. Sie tastete sich behutsam vorwärts, bis sie endlich einen Lichtschimmer sah. Dem ging sie nach, fand eine Treppe und stieg aus dem Keller empor. So gelangte sie auf den Kirchhof, an dessen einer Seite das Pfarrhaus stand.

Sie erzählte dem Pfarrer alles, was sie erlebt hatte. Dieser schüttelte ungläubig den Kopf. Plötzlich fiel sein Blick auf eine Perlenschnur, die sich an der Schürze der Magd festgehakt hatte. Da zweifelte er nicht mehr, daß sie wahr berichtet hatte. »Führe mich an den Ort, an dem du warst und von dem du diese Perlenschnur mitgebracht hast.«

Die Magd führte ihn in den Keller und suchte die geheimnisvolle Tür, aber sie konnte sie nicht finden.

Danach gruben Pfarrer und Magd auf dem Friedhof nach den unterirdischen Gängen, auch dabei war ihnen kein Glück beschieden. Sie konnten nicht das Mindeste mehr entdecken.

DER ZWEBENDORFER HEILBRUNNEN

Vor Zeiten gab es in Zwebendorf einen Schäfer, der schon drei Jahre krank lag. Er hatte jedoch große Sehnsucht danach, seine Herde wieder auszutreiben und zu hüten, und als er sich allmählich ein wenig besser fühlte, machte er sich mit seinen Schafen und Hunden wieder auf zur Weide.

Aber er hatte sich zuviel zugemutet. Er wurde schwach und schwächer, Hitze wallte in ihm auf, kalter Schweiß trat ihm auf die Stirn, und schließlich sank er kraftlos nieder. Niemand war da, der ihm helfen und ihm einen labenden Trunk hätte reichen können. So glaubte er sein letztes Stündlein gekommen.

Da drang plötzlich ein munteres Plätschern von einem Wasser an sein Ohr. Der Schäfer raffte seine letzten Kräfte zusammen und schleppte sich zu dem köstlichen Quell, den er zuvor dort nie gesehen hatte. Zu guter Stunde hatte er sich gebildet und wurde dem Schäfer zur Rettung.

Dieser fand durch ihn nicht nur augenblickliche Erquikkung, sondern er fühlte sich fortan auch nicht mehr krank. Der Quell hatte heilende Kraft. Bald sprach sich das herum, und viele Leute aus der Umgebung zogen dorthin, tranken sein Wasser und wurden gesund.

Der Bauer aber, auf dessen Land sich die Quelle eröffnet hatte, meinte, es sei ja recht schön, wenn dieses Wasser von allen gelobt würde, aber besser sei es, wenn er es zu barer Münze machen könnte. So forderte er fortan Geld von allen, die zur Quelle kamen, um durch das Heilwasser Gesundheit zu erlangen.

Das hätte er nicht tun sollen, denn von da an verlor das Wasser seine wunderbare Wirkung, und am Ende versiegte der Quell ganz und gar. So mußten alle, die Heilung suchten, für die Habgier des Bauern büßen.

FRAU H. STRAFT ODER BELOHNT

In der Stadt Halle und den umliegenden Dörfern ging früher eine weibliche Gestalt um, die von den einen Frau Harre, von anderen Frau Harke oder Frau Holle genannt wurde.

Aus Furcht vor ihr wurde in den Spinnstuben während der Zwölfnächte und am Fastnachtstage kein Spinnrad angerührt. Sonst wäre sie gekommen und hätte den Spinnerinnen das Gesicht zerkratzt, oder sie hätte den Spinnrocken verfitzt oder ihn besudelt.

Diese Frau belohnte aber auch das Jahr hindurch die fleißigen Spinnerinnen, indem sie sich nachts an deren Spinnrad setzte und für sie spann. Die faulen dagegen bestrafte sie, indem sie ihnen den Flachs verdarb oder den Rocken beschmutzte.

Auch auf die Mägde hatte sie ein Auge. Die fleißigen belohnte sie, indem sie ihnen Geld in ihre Eimer legte, wenn sie schon frühzeitig zum Brunnen gegangen waren, um Wasser zu holen.

Den Langschläferinnen unter ihnen aber riß sie die Bettdecke weg und legte sie nackt vor die Haustür, so daß sie den Leuten zum Spott wurden. Den armen Leuten brachte sie, wenn sie fleißig waren, doppelten und dreifachen Ertrag auf ihren Äckern, den faulen jedoch säte sie Unkraut darauf oder ließ deren Getreide von Krankheit befallen werden.

DER BAUER UND SEIN KOBOLD

In einem Saalkreisdorf hatte sich ein habgieriger Bauer einen Kobold dienstbar gemacht und beschäftigte ihn derart, daß der gar nicht mehr zur Ruhe kam. Er ließ ihn unaufhörlich etwas heranschleppen, Speisen, Geld oder was immer er sonst haben wollte. Kaum hatte der Kobold etwas abgeliefert, hieß es: »Hole mehr, aber schnell!«

Eines Tages war der Geist mit einem großen Sack voller Dukaten heimgekehrt, und das stellte sogar den raffgierigen Bauern zufrieden. »Gut gemacht«, sprach er zum Kobold, »ruhe dich ein wenig aus, das ist genug für heute und morgen.«

»Und für immer«, fügte der Geist hinzu, »denn von nun an diene ich dir nicht mehr, da du mich rasten geheißen hast. Ich bleibe jedoch in deinem Haus, und zwar so lange, bis mich ein Priester von hier verbannt, der frei von Sünde ist. Wir wollen uns so einrichten, daß jeder von uns eine halbe Stube bewohnt. Der Balken an der Decke soll unsere Bereiche trennen. Und laß dir sagen, kommst du in meinen Teil der Stube oder versuchst du zu entwischen, geht es dir an den Hals.«

Der Bauer wurde durch diese Rede in Schrecken versetzt und rief durch das Fenster seine Nachbarn zu Hilfe. Als sie die Stube betraten und den Kobold mit seinen funkelnden Augen darin hocken sahen, ergriff sie Furcht, und sie zogen sich zurück. Der Bauer bat sie flehentlich, den Priester zu holen, damit er den Kobold banne, aber als der erschien, lachte der Geist nur und sprach: »Es mögen so viele von eurem Stand kommen wie sie wollen, keiner von euch wird etwas gegen mich ausrichten können. Es gibt von euch nur zwei auf Erden, die das vermöchten, einer im Osten und einer im Westen, aber die sind weit weg.«

In den nächsten Jahren kamen nun zahlreiche Priester, die den Kobold entmachten wollten, aber jedesmal, wenn sie ihre Bannformeln sprachen, hielt ihnen der Kobold ihre Sünden vor, und so konnten sie keine Gewalt über ihn gewinnen.

So saß der Bauer bis an sein Lebensende in seinem eigenen Haus als Gefangener des Kobolds, der ihm einst gedient und ihm zu Reichtum verholfen hatte.

Wohin der Geist nach dem Tode des Bauern entflohen ist, weiß keine Sage zu berichten.

DIE WEISSE FRAU VON MÖTZLICH

Nahe dem Dorfe Mötzlich nördlich von Halle liegt ein großer Stein, und auf dem Feldrain zwischen ihm und dem Dorfe Tornau sah man einst oft in der Stunde vor Mitternacht eine weißgekleidete Frau umherwandeln. Sie hieß im Volksmunde »die verwünschte Prinzessin«, und sie soll alle, die vorüberkamen, mit kläglicher Stimme angefleht haben, sie möchten sie doch erlösen.

Sie hat keinem ein Leid getan, der achtlos an ihr vorüberging. Wer sie aber verspottete oder gar erzürnte, dem ist sie plötzlich ganz nahe gekommen, hat ihn angehaucht, und danach hat ihn eine schwere Krankheit befallen.

Weiße Frauen sollen aber auch in Dölau, bei Löbejün und Wettin ihr Unwesen getrieben haben. Die von Wettin erschien früher immer auf der Burg, kurz bevor einer aus dem berühmten Wettinischen Adelsgeschlecht starb, dessen Glieder es bis zu Königen von Sachsen gebracht hatten.

DER ERMORDETE PFARRER

In der Kirche zu Gutenberg kann man ein aus Sandstein gefertigtes Grabbildnis des Albrecht Hacke sehen, der von oben bis unten in eiserner Rüstung steckt und ein langes Schwert an der Seite trägt. Im Kirchenraum hängt aber auch ein Gemälde des einstigen Gutenberger Pfarrers Daniel Bernstein. Von diesen beiden Männern geht eine Sage. Danach soll der Ritter ein lasterhaftes und Gott mißfälliges Leben geführt haben. Dem Pfarrer war das ein Dorn im Auge, und er wurde nicht müde, das Tun und Treiben des Ritters in harter Strafpredigt öffentlich anzuprangern. Er wollte ihn dadurch auf den rechten Weg eines guten Christen zurückführen.

Leider erreichte er damit das Gegenteil. Eines Tages hatte der Pfarrer den adligen Herrn wieder einmal im Gottesdienst abgekanzelt. Das brachte den Ritter derart in Wut, daß er

dem Pfarrer auflauerte und ihm, als er die Kirche verlassen wollte, sein Schwert durch die Brust bohrte, um sich auf diese Weise den lästigen Mahner vom Halse zu schaffen.

DIE GEBANNTE HEXE

Bei Gutenberg wohnte vor Zeiten ein Bauer, der in seinem Dorf immer das beste Vieh gehabt hatte. Aber dann kam Unheil über seinen Hof. Die Pferde starben ihm, die Kühe lieferten keine Milch mehr, sondern Blut, die Kälber und das Federvieh gingen ein, und das alles, obgleich die Tiere wie eh und je in gutem Futter standen und sorgfältig gepflegt wurden. Wem der Bauer auch seine Not klagte und von wem er Rat erhoffte, niemand konnte ihm helfen.

Da kam eines Tages ein Scharfrichter am Hofe des Bauern vorbei, und als er dessen Frau traurig auf der Bank vor dem Hause sitzen sah, fragte er, was sie denn bedrücke.

Sie erzählte ihm von ihrem Unglück. »Es wird nicht mehr lange dauern, dann sind wir an den Bettelstab gebracht«, fügte sie hinzu. »Und dabei haben wir zuvor zu den Reichsten im Dorfe gehört.«

Der Scharfrichter lachte und sprach: »Ich weiß wohl, was es mit eurem Unheil auf sich hat. Euer Vieh ist behext.«

»Um Gottes willen!« rief die Bauersfrau. »Was können wir denn dagegen tun?«

»Ganz einfach«, war die Antwort, »nehmt diese Kräuter hier und kocht sie gegen Mitternacht. Dann wird die Hexe, die euch das alles angetan hat, bald bei euch erscheinen. Sie wird euch bitten, ihr etwas zu leihen. Tut das aber keinesfalls, sondern kocht eure Kräuter immer weiter. Das peinigt sie, und sie wird dadurch gewiß den Zauber von euren Ställen nehmen.«

Und er fügte noch hinzu: »Wenn ihr die Kräuter lange genug gekocht habt, so füllt den Sud daraus in eine Kanne und gießt ihn kreuzweis auf die Schwelle des Stalles. Dazu müßt ihr sprechen:

Ich gieße das Kreuze
böser Leute,
meinen Nutzen.

Beachtet dabei«, fuhr er fort, »daß ihr bei den Worten ›*Ich gieße das Kreuze*‹ die Schwelle entlanggießt, bei den Worten ›*böser Leute*‹ von außen bis an die Schwelle heran, und bei den Worten ›*meinen Nutzen*‹ über die Schwelle hinweg hinein in den Stall.«

Die Bäuerin begann ihr Werk gleich in der folgenden Nacht. Kaum hatte sie angefangen, die Kräuter zu kochen, klopfte es an ihre Tür. Ihr Mann öffnete, und draußen stand ein altes Weib aus dem Dorfe, das mit ängstlicher Stimme sprach: »Ach, Gevatter, seid doch so gut, mir Kornseile zu borgen, wir wollen gern unser Korn zusammenbinden.«

»Ach, jetzt mitten in der Nacht?« erwiderte der Bauer. Seiner Frau aber rief er zu: »Koche nur weiter, die Hexe ist schon da!« Damit schlug er der Alten die Tür vor der Nase zu.

Diese aber lief mehrere Stunden wimmernd unter dem Fenster des Hauses auf und ab. Denn das Kräuterkochen im Innern bereitete ihr argen Schmerz.

Als die Bäuerin endlich den Kessel vom Feuer hob, rannte die Hexe nach Hause.

Nachdem der Kräutersud so vergossen worden war, wie der Scharfrichter gesagt hatte, war der Zauber gebrochen. Das Vieh wurde gesund und gedieh wieder prächtig.

DAS ERLÖSTE MÜTTERCHEN

Eine Bäuerin aus Gutenberg, die vor kurzem einen Knaben geboren hatte, lag eines Abends im Bett, und die Wiege mit dem Kind stand daneben. Ihr Mann war über Land gegangen und hatte ihr gesagt, daß er erst spät heimkommen werde.

Wie die Frau nun noch wach lag, hörte sie mit einem Male leise Schritte die Kellertreppe heraufkommen, dann ging die Kammertür auf und ein altes gebücktes Mütterchen mit einem Spinnrocken schlurfte herein, setzte sich hin, ohne ein Wort zu sagen, und begann zu spinnen. Zuweilen sah die Alte von ihrer Arbeit auf und schaute freundlich, aber auch ein wenig nachdenklich auf das Kind in der Wiege.

Die Bäuerin war über diese Erscheinung starr vor Angst, und unauffällig versuchte sie, die Wiege ein bißchen näher an ihr Bett zu ziehen, weil sie um das Kind fürchtete.

Nachdem die Alte eine Weile gesponnen hatte, stand sie auf, nahm ihren Spinnrocken und winkte der Frau, sie solle mit ihr kommen. Die aber war so voller Furcht, daß sie noch tiefer in ihr Federbett hineinkroch und die Augen fest zudrückte. Sie öffnete sie erst wieder, als sie ihren Mann kommen hörte. Da war die Erscheinung längst verschwunden, aber die Frau erzählte dem Bauern sofort, was sie erlebt hatte.

Dem Manne wurde auch ganz bange, und er versprach ihr, sie abends nicht wieder allein zu lassen.

Nach einiger Zeit aber war der Mann bei Einbruch der

Nacht wieder einmal noch nicht im Hause, und da kam das alte Mütterchen erneut mit seinem Spinnrocken, setzte sich schweigend nieder, spann eine Weile und winkte der Bäuerin beim Weggang mit so rührender Gebärde, daß diese schon drauf und dran war, der Alten zu folgen. Aber ihre Scheu hinderte sie am Ende doch daran, es zu tun.

Am anderen Morgen ging der Bauer, dem die Frau von dem neuerlichen Erscheinen der Alten erzählt hatte, zum Priester und fragte ihn um Rat, was in ihrer Lage zu tun sei.

Der Geistliche folgte dem Bauern in sein Haus, sprach den Segen über die Frau und las eine Messe, um sie gegen jeden bösen Geist zu feien.

Dann sprach er: »Wenn das Mütterchen wiederkommt, geh mit ihr, denn nun kann dir nichts Böses mehr angetan werden.«

Es dauerte auch nicht lange, da kam die Alte, als die Bäuerin wieder einmal allein im Hause war, zur gleichen Stunde wie früher, trat in die Stube und begann zu spinnen. Als sie sich aber erhob und wiederum winkte, nahm die Bäuerin die Lampe und folgte ihr.

Sie wurde in den Keller geführt, und als sie auf die unterste Treppenstufe trat, erschrak sie, denn vor ihr stand auf einmal ein großer Trog voller blanker Dukaten.

Plötzlich fiel ihr das Mütterchen um den Hals und rief: »Endlich bin ich erlöst! Du hast mich entzaubert! Ich war

verwünscht, diesen Schatz in deinem Hause zu bewachen, bis an dem neunten Tage eines Monats hier ein Knabe geboren würde, dessen Mutter ich zu dem Schatz herablocken könnte, ohne zu ihr auch nur ein einziges Wort zu sprechen. Du hast deinen Sohn an einem neunten geboren; aber wärest du heute nicht mitgekommen, wäre ich weiter verzaubert geblieben, denn ich durfte nur dreimal diesen Schatz verlassen und dich herabzuholen versuchen. Nimm nun das Geld und lebe glücklich damit. Aber du sollst auch noch wissen, daß der Schatz nicht abnehmen wird, solange noch einer aus deinem Geschlecht lebt.«

Nach diesen Worten war die Alte verschwunden.

Die Bäuerin schaute ungläubig staunend auf die vielen Dukaten und glaubte zu träumen. Aber sie waren kein Gaukelwerk, sondern echt.

Da schleppte die Frau den schweren Trog nach oben, und ihre Familie kannte fortan keine Not mehr.

DAS AUSGETAUSCHTE KIND

Eine Bäuerin aus Gutenberg hatte einst, als sie auf dem Felde arbeitete, ihr Kind im Gras abgelegt. Als sie zu ihm zurückkehrte, fand sie anstelle des eigenen ein fremdes Kind vor, das sehr häßlich aussah. Sie erkannte es sofort als ein Nixkind.

Was sollte sie tun? In ihrer Not ging sie zum Gutsvogt und klagte ihm ihr Leid, und dieser wußte Rat.

»Würdet Ihr Euer Kind wiederhaben wollen, wenn Ihr es mit vielen blauen Flecken zurückbekämet?«

»Ja«, antwortete die Frau, »lieber so, als ein Nixkind großziehen.«

»Nun gut«, sprach der Gutsvogt, zückte eine Peitsche und schlug eine ganze Weile damit auf das Nixkind ein. Danach

ging er mit der Frau zusammen einige hundert Schritte beiseite. Als sie zurückkamen, lag das richtige Kind der Frau wieder an dieser Stelle. Aber es war am ganzen Leibe voll blauer Flecke.

»Was hat das zu bedeuten?« fragte die Mutter den Gutsvogt.

»Das ist so«, antwortete er, »wenn ein Nix ein Kind vertauscht hat – und das machen die Nixe gern –, so behandelt er das geraubte Kind ebenso wie die beraubte Mutter das Nixkind. Geht es dem aber schlecht, so tauscht er es wieder zurück, um ihm weitere Bedrückung zu ersparen.«

DIE FEINDLICHEN DÖRFER

Zwischen den Dörfern Nehlitz und Schortewitz fließt ein Bach, der den Namen Teufelsbach trägt. Das kam so.

Die Bauern der beiden Dörfer waren vor einigen hundert Jahren in Feindschaft gegeneinander entbrannt. Der Streit ging um die Grenzen ihrer Gemarkung. Ganze Streifen Landes blieben damals unbebaut, weil die eine Seite nicht duldete, daß die andere darauf säe und ernte. Der Streit führte sogar so weit, daß man sich gegenseitig die Gehöfte in Brand steckte und einzelne Angehörige der Dörfer ermordet wurden. Da geschah in einer Märznacht etwas Fürchterliches.

Der Teufel kam mit einem Gespann feuriger Rosse, die einen riesigen Hakenpflug zogen, aus der Hölle auf die Erde und pflügte unter dem Zischen von Blitzen eine tiefe Furche zwischen den Gemarkungen der beiden verfeindeten Dörfer. Unter gewaltigem Krachen türmten sich die Schollen auf jeder Seite zu meterhohen Wällen. Der Teufel pflügte weiter durch die Galgenbreite, die Steinkeuten, das Bornfeld, den Teufelsgrund zwischen Toten- und Salzbügel auf der einen Seite und Schurzwiese und Schurzbusch auf der anderen.

Rechts und links seiner Bahn wurden alle Bäume versengt wie Strohhalme, und Bauernhöfe gingen in Flammen auf.

Endlich erreichte er die Drebesmühle bei Löbnitz und versank dort mit seinem Gespann zischend im Mühlteich.

Als die Bauern am Morgen, noch von Angst und Schrecken der Nacht erfüllt, auf die entstandenen Höhen traten, sahen sie mit Verwunderung, daß unten zwischen ihnen ein Bächlein floß, das es zuvor nicht gegeben hatte. Dem gaben sie den Namen Teufelsbach, und weil sie wußten, daß er dem Höllenfürsten seine Entstehung verdankte, hüteten sie sich wohl, in seine Nähe zu kommen oder gar Wasser aus ihm zu entnehmen. Auch die Kinder durften nicht darin baden, und weder Steg noch Brücke führten über den Bach. So bildete er fortan eine Grenze zwischen den Dorffluren, die alle anerkannten, und vorbei war es mit Landraub durch Grenzsteinverrücken und mit körperlichen Auseinandersetzungen.

Die feindselige Gesinnung der Bewohner beider Dörfer blieb jedoch über Generationen bestehen. Nie ist es zu Heiraten hinüber oder herüber gekommen.

Eines Tages aber war ein Bursche aus Nehlitz in der Nähe des Teufelsbaches beim Rübenhacken. Es war ein warmer Tag, und mörderischer Durst plagte ihn. Da konnte er der Lockung des kühlen Bachwassers nicht widerstehen. Er beugte sich nieder und trank von dem »Höllenwasser«. Danach aber kam er sich wie verzaubert vor. Mit einem Male erblickte er auf der anderen Seite des Baches ein hübsches junges Ding aus Schortewitz beim Heuwenden. Er fühlte sein Blut wallen, und um mit dem Mädchen ins Gespräch zu kommen, pflückte er eine Handvoll Himbeeren und bot sie ihr über den Bach dar.

Sie pflückte als Gegengabe einen Strauß Blumen und streckte ihn dem Burschen entgegen. Aber beide konnten nicht zueinander kommen.

Da faßte sich der Jüngling ein Herz, krempelte seine Hosenbeine hoch, durchquerte den Teufelsbach, hob das Mädchen auf seine Arme und trug es durchs Wasser auf die Nehlitzer Seite.

Über diesen »frevelhaften« Liebesbund gab es in den beiden Dörfern zunächst ein großes Geschrei. Aber das legte sich bald, und im Frühjahr des nächsten Jahres wurden die beiden Liebesleute vermählt.

Sie hatten den Bann jahrhundertealten Haders gebrochen.

Bald wurden Brücken und Stege über den Teufelsbach geschlagen, und es begann ein fröhliches Freien nach Nehlitz hinein, so daß die beiden einst verfeindeten Dörfer miteinander verwachsen sind.

DAS POPLITZER »POPELMÄNNCHEN«

Als sich die Herren von Krosigk einst in ihrem Dorfe Poplitz ein Schloß bauen lassen wollten, geschah es, daß während des Baues jede Nacht Schaden an dem verübt wurde, was am Tage gemauert worden war.

Da gab ein Mönch dem Bauherrn den Rat, einen Teil des entstehenden Hauses als Kapelle einzurichten. Damit könne er dem Zerstörungswerk eines Kobolds Einhalt tun.

Der Vorschlag des Mönchs wurde sogleich beherzigt. Als nun das Männchen in der Nacht wiederkam, um dem Bau etwas abzubrechen, wurde es von einer unsichtbaren Macht gegen die Kante des nordöstlichen Strebepfeilers der entstehenden Kapelle emporgeschleudert und in die steinerne Gestalt einer kletternden Katze verwandelt. Als die Bauleute versuchten, die Figur abzuschlagen, vermochten sie es nicht. So ließen sie sie als Wahrzeichen an dieser Stelle. Dieser Eckstein bekam im Volke den Namen »das Popelmännchen«.

Ganz machtlos ist der gebannte Kobold aber nicht gewesen. Er stieg nämlich jede Nacht in der Geisterstunde herab und wandelte im Dorfe umher. Viele Einwohner von Poplitz wollen dem kleinen grauen Männchen mit feurigen Augen und kurzen krummen Beinen schon begegnet sein, ehe es um ein Uhr wieder in seine Katzengestalt am Eckpfeiler zurückkehrte.

DER SCHATZ UNTERM FRÖSSNITZSTEIN

Vor Zeiten lebte in Frößnitz ein Bauer namens Hans Beiling. Der träumte eines Nachts und hörte eine Stimme sagen:

»Zu Magdeburg auf der Brücke
wirst du erlangen ein großes Glücke.«

Er gab nichts weiter darauf, aber als er den Traum noch zweimal hatte, sagte er sich, aller guten Dinge sind drei, vielleicht ist etwas dran, und er machte sich auf den Weg nach Magdeburg. Dort stellte er sich auf die Elbebrücke und wartete der Dinge, die da kommen sollten. Er wartete und wartete einen ganzen Tag, aber nichts geschah. So machte er sich enttäuscht davon, um eine Herberge zur Nacht zu suchen. Am Ende der Brücke begegnete ihm ein alter Invalide, der dort Tag für Tag saß und die Vorübergehenden um ein Almosen bat. Der sprach den Bauern an und fragte ihn, warum er denn den ganzen Tag untätig auf der Brücke gestanden habe.

»Ach«, antwortete Hans Beiling, »das ist eine merkwürdige Geschichte«, und er berichtete dem Fremden von seinen Träumen.

»Mein Gott«, entgegnete ihm der Invalide, »Träume sind Schäume. Gib nichts auf sie, wenn du dich nicht zum Narren machen willst. Nimm mich, ich habe jüngst in *einer* Nacht dreimal geträumt, daß eine Stimme rief:

Beim Petersberg am Frößnitzstein,
da liegt ein Schatz,
Hans, der sei dein.«

Nun frage ich dich, was das bedeuten soll. Erstens heiße ich nicht Hans, sondern Jörg, und zum andern, kennst du einen Petersberg oder einen Frößnitzstein? Also, sind Träume nicht Schäume?«

Aber der Bauer antwortete nicht auf die Rede des anderen.

Ihm ging mit einem Male ein Licht auf. *Diese* Nachricht war es, die er zu seinem Glücke auf der Magdeburger Brücke empfangen sollte, und Hans hieß er schließlich auch.

Am andern Morgen in aller Frühe verließ er seine Herberge und machte sich eilig auf den Heimweg. Zu Hause angekommen, berichtete er seiner Familie, was ihm widerfahren war.

Kurz vor Mitternacht aber begab er sich mit seinem Sohne zum Frößnitzstein, um nach dem Schatz zu suchen. Nachdem sie ein Vaterunser gebetet hatten, um gegen einen bösen Geist, der vielleicht unter dem Stein hause, gefeit zu sein, begannen sie zu graben. Bald stießen sie auf den Steinsarg Annas von Frößnitz, hoben den Deckel hoch und fanden bei der Verstorbenen Ketten, Ringe, Perlen und Edelsteine. Die nahmen sie an sich, schlossen das Grab wieder so, daß niemand eine Spur von ihrer Schatzsuche entdecken konnte, und eilten nach Hause.

Bald danach verließ Hans Beiling Frößnitz und kaufte sich von den Kleinodien Annas von Frößnitz in einer entlegenen Gegend, wo niemand ihn kannte, bedeutende Güter.

DER SEEGRAF

Zwischen den Dörfern Morl, Möderau und Beidersee soll vor Jahrhunderten ein großer tiefer See gelegen haben, der sich nach Westen bis an die Saale erstreckte. Der Sage nach hat mitten in dem See eine Burg gestanden, deren Herrn man den Seegrafen nannte. Er war ein harter und grausamer Mann, verheerte das Land ringsum, mordete gar und raubte schöne Jungfrauen, die er auf seine Burg entführte, um dort ihre Liebe zu erzwingen.

Dieses Schicksal, geraubt zu werden, ereilte auch einmal die Tochter eines Ritters aus der Umgebung. Deren Vater wollte die Untat nicht einfach hinnehmen, sondern rüstete zu einem Rachezug gegen den Seegrafen.

In einer stürmischen Herbstnacht überfiel er mit seinen Mannen dessen Burg und steckte sie in Brand. Bald loderte sie wie eine Flammensäule empor.

Die Jungfrau war aber mit dem Seegrafen und seinen Kumpanen noch in der Burg. Sie hastete auf den Turm der Burg, um sich vor den Flammen zu retten, aber sie wurde auch dort von ihnen ereilt und fand zusammen mit ihren Entführern den Tod.

DER NEUGIERIGE SCHNEIDER AUS SCHWERZ

Einem Schneider aus Schwerz war zu Ohren gekommen, daß sich in der Nacht zum ersten Mai auf dem Glockersberg die Hexen versammeln, um dort ein wunderliches Treiben zu entfalten und wilde Tänze aufzuführen.

Das wollte er sehen, und so machte er sich am letzten

Apriltag auf den Weg, versteckte sich auf dem Berge im dichten Gezweig eines Baumes und wartete der Dinge, die da kommen sollten.

Als die Nacht hereinbrach, kamen viele hundert Hexen durch die Luft geflogen. Zuerst hielten sie ein köstliches Mahl, und danach fingen sie an zu tanzen.

Eine der Hexen aber bemerkte den Schneider, der aus dem Baum zuschaute, und sie rief einer anderen lachend zu: »Sieh nur, welch einen großen Knochen dieser Baumast dort hat. Ich werde mein Beil hineinhauen, und übers Jahr werde ich es da wiederfinden.«

Das tat sie denn auch, und ihr Beil landete im Rücken des Schneiders. Dieser fühlte einen Stich, und es kam ihm mit einem Mal so vor, als ob sein Rücken schwerer geworden sei. Als es Morgen war und die Sonne schien, sah er an seinem Schatten, daß er einen Buckel hatte.

Im nächsten Jahr konnte er jedoch in der Walpurgisnacht seine Neugier wieder nicht bezwingen. Die wilden Tänze der Hexen hatten ihm zu gut gefallen, und er wollte sie noch einmal sehen.

Die Hexe vom Vorjahr bemerkte ihn jedoch wiederum in seinem Baum. Kichernd kam sie näher und sprach: »Nun will ich doch mein Beilchen wieder aus dem Ast ziehen, damit es nicht abhanden kommt.«

Sie berührte den Rücken des Schneiders, der wieder einen leichten Stich verspürte, und die Hexe hielt ein Beil in der Hand.

Am Morgen aber bemerkte der neugierige Schneider, daß er von seinem Buckel befreit war.

DER SCHÄFER VON SCHOCHWITZ

Ein Schäfer aus Schochwitz hatte seinem Gutsherrn den alljährlichen Pachtzins gebracht, aber dafür von ihm nicht sofort eine Quittung bekommen. Wenige Tage darauf starb der Gutsherr, und es dauerte nicht lange, da forderte dessen Frau den Zins vom Schäfer ein zweites Mal. Dieser konnte es nicht beweisen, daß er ihn bereits entrichtet hatte, und die Frau drohte ihm mit Gericht und Gefängnis.

Wie er nun einmal in schweren Gedanken einherging und überlegte, was zu tun sei, begegnete ihm im Luppholz bei Schochwitz ein graues Männlein mit einem langen weißen Bart. Das drückte ihm einen Stab in die Hand, führte ihn an eine Tür, die dem Schäfer zuvor nie aufgefallen war, und sprach: »Klopfe an und tritt ein. Dort drinnen wirst du deinen Gutsherrn finden. Fordere von ihm eine Quittung für deinen Zins. Aber berühre ihn nicht mit der Hand, sondern nur mit dem Stabe.«

Der Schäfer tat, wie ihm das Männlein geraten hatte. Er klopfte an die Tür. Sie sprang von selbst auf, und da sah er seinen Gutsherrn mit drei anderen Männern an einem Tische sitzen und Karten spielen. Er berührte seinen Herrn mit dem Stabe, und dabei sprühten an dessen Spitze Funken, und es schlugen Flammen auf. Der Verstorbene befand sich nämlich im Fegefeuer.

Der Schäfer brauchte gar nichts zu sagen. »Ich weiß wohl, weshalb du kommst«, redete ihn der Gutsherr an. »Geh nur zu meiner Frau und sage ihr, sie solle hinter den Spiegel schauen. Dort wird sie die Quittung finden, die ich dir nicht mehr geben konnte. Aber damit sie dir auch wirklich glaubt, gebe ich dir meine Mütze mit. Zeige sie ihr, und sie wird nicht mehr zweifeln.«

Der Schäfer nahm die Mütze und machte sich frohgemut auf den Weg. Dem Männlein, dem er wieder begegnete, dankte er für seinen Dienst. Der Gutsherrin aber richtete er die Botschaft ihres verstorbenen Gemahls aus und zeigte auch die Mütze vor. Die Frau schaute hinter den Spiegel und fand auch richtig die Quittung. Während sie sie noch überlas, legte der Schäfer die Mütze auf den Tisch. Aber kaum hatte sie das Holz berührt, brannte sie ein Loch hinein, fiel hindurch und war verschwunden. Da ließ die Gutsherrin in ihrem Schrecken die Stube, in der das geschehen war, zumauern, und sie wurde nie wieder betreten

SCHÖN ÄNNCHEN VON GOTTGAU

Unweit von Löbejün an der Straße nach Schlettau lag einst in einem Erlenbusch eine Mühle, die Gottgau hieß.

In der Dreikönigsnacht des Jahres 1420 klopfte nun bei Schnee und klirrendem Frost eine Frau mit einem kleinen Mädchen an der Hand dort an und bat um Aufnahme. Der Müller gewährte den beiden Fremden freundlich Einlaß und erfuhr, daß die Frau die Gemahlin eines Ritters von Frößnitz sei. Ihr Gatte habe im Dienst des Deutschen Ordens gestanden und gegen die heidnischen Kumanen gekämpft. Sie sei ihm ins Ordensland gefolgt, aber ihr Gemahl habe in einer Schlacht den Tod gefunden.

Für diesen Fall hatte sie den Auftrag, in die Heimat zurückzukehren und ihre Tochter Propst Konrad auf dem Petersberg, der ein Bruder des Gefallenen war, zur Erziehung zu übergeben. Später sollte sie dann in ein Kloster eintreten.

Die Müllersleute waren voller Mitleid mit der edlen Dame, aber sie mußten ihr zu allem Unglück auch noch mitteilen, daß Propst Konrad gestorben sei und daß sich ein Fremder ihres Rittersitzes zu Frößnitz widerrechtlich bemächtigt habe.

Diese Nachrichten ließen die Frau in Ohnmacht sinken. Ihr Zustand verschlechterte sich zusehends, und noch in derselben Nacht verstarb sie.

Zuvor aber hatte sie die Müllersleute gebeten, sich ihrer Tochter Anna anzunehmen, sie als Knaben in ihrer Mühle aufzuziehen und später in das Kloster zu Kattau zu geben. Sie belohnte die braven Leute für ihre Bereitwilligkeit mit einem kostbaren Schmuckstück und übergab ihnen eine kleine Truhe mit Kleinodien, die sie für Anna aufbewahren sollten.

Die Frau von Frößnitz soll ihre letzte Ruhestätte auf dem Friedhof der Peterskirche zu Löbejün gefunden haben.

Anna, die von den Müllersleuten unter dem Namen Anno aufgezogen wurde, wuchs zu einem schönen Menschenkind heran und gewann die Herzen aller. So kam es, daß der Herr von Köller, Burgherr zu Löbejün, Anno, den vermeintlichen Stiefsohn des Müllers, gemeinsam mit seinem eigenen Sohn Otto durch den Burgkaplan unterrichten ließ. Die beiden Kinder gewannen einander sehr lieb, und als das Geheimnis von Annos Geschlecht und Herkunft gelüftet wurde, warb Otto um die Hand Annas. Aber diese zögerte eine Antwort noch hinaus, da man sie für das Kloster bestimmt hatte.

Da brachen im Jahre 1430 die Hussiten erneut in Deutschland ein und gelangten bis in unser Gebiet. Der Herr von Köller versuchte Löbejün zu befestigen und dem Feind zu trotzen, aber vergeblich. Die Stadt wurde erobert, die meisten Einwohner verloren dabei ihr Leben, Anna und Otto wurden gefangen abgeführt.

Der einäugige Hussitenanführer Sbinko ließ den Junker an einen Baum binden, um ihn zur Zielscheibe für Speerwürfe zu machen. Da schrie Anna vor Entsetzen auf und rief dadurch den Heerführer Prokop herbei. Dieser ließ Otto losbinden und abführen. Aber Annas Schönheit reizte ihn so, daß er sie zur Gemahlin begehrte.

Nur hatte Sbinko sie sich auch schon als Kriegsbeute auserkoren, und so kam es zwischen den beiden Hussiten zum Streit. In der Furcht, Anna dem anderen überlassen zu müssen, durchbohrte Sbinko die Jungfrau. Prokop ließ ihn dafür zur Strafe sogleich niederhauen. Aber Anna war für ihn verloren. Er ließ sie in einem Steinsarg am Wege von Löbejün nach Frößnitz beerdigen und setzte auf ihr Grab einen mächtigen Stein. Noch lange Zeit sollen die Mädchen und Jünglinge der Gegend am Geburtstag Annas von Frößnitz zu ihrem Grabe gezogen sein und ihrer gedacht haben.

Prokop aber nahm zur Sühne für die Bluttat des Sbinko seinen Befehl zurück, das Kloster auf dem Petersberg zu plündern.

DER TEUFEL AUF DEM PETERSBERG

In der Gegend um den Petersberg liegen zahlreiche große Steine in der Nähe von Kirchen herum, und das erklärt sich so:

Als das Christentum hier noch nicht verbreitet war, verehrten unsere heidnischen Vorfahren ihre Götter auf dem Petersberg. Dann aber nahten die christlichen Glaubensboten, bauten ringsum im Lande ihre Gotteshäuser und bekehrten die Ungläubigen.

Das schmerzte den Teufel, der von den Priestern mit dem obersten Heidengott gleichgesetzt wurde, und in seiner Wut schleuderte dieser riesige Felsbrocken gegen die Kirchen in Sennewitz, Wettin, Hohenthurm und an anderen Orten bis in die Nähe von Köthen, Dessau und Eilenburg. Aber es gelang ihm nicht, sie zu zerstören.

In einigen solcher Steine sind vier oder fünf Löcher zu sehen, etwa in Sennewitz oder Gimritz, und die sollen entstanden sein, als der Teufel sie mit seinen Krallen packte und wegschleuderte.

Als auf dem Petersberg bereits ein Kloster errichtet war, stand eines Tages ein Mönch dort oben und schaute hinab nach Wadendorf, wo gerade eine Kirche im Bau war. Da trat der Teufel ihm zur Seite und sprach: »Freue dich nicht zu früh, Mönchlein, denn ich kann die Kirche zertrümmern, wenn ich nur will, es sei denn, ein Mensch würde es verhindern, indem er mir seine Seele verschreibt. Willst du derjenige sein?«

»Warum nicht«, erwiderte der Mönch. »Aber ich kann nicht glauben«, fügte er hinzu, »daß du einen solchen gottgefälligen Bau zerstören könntest.«

»Was gilt die Wette?« sprach der Teufel. »Ehe du drei

›Avemaria‹-Gebete sprechen kannst, liegt die Kirche darnieder. Sollte ich die Wette aber verlieren, bleibt die Kirche heil, und deine Seele ist gerettet.«

»So sei es«, antwortete der Mönch.

Da ergriff der Teufel einen Felsbrocken und schleuderte ihn mit aller Kraft gegen die Kirche von Wadendorf.

Der Mönch aber sprach seine drei »Ave Maria« schnell in gekürzter Form, sagte nur dreimal »Ave Maria. Amen«, und ehe der Felsbrock landete, war er damit fertig. Da fiel der Stein zwischen Löberitz und Zehmitz zur Erde nieder. Mönch und Wadendorfer Kirche waren gerettet, und der Teufel war geprellt.

ST. PETRUS HILFT DEN MENSCHEN

Der Berg nördlich von Halle, der heute den Namen Petersberg trägt, hieß vor grauen Zeiten der Lauterberg. Hier verehrten die Menschen ihre heidnischen Götter, bis schließlich das Christentum ins Land kam und Mönche auf ihm ein Kloster errichteten, das dem heiligen Petrus geweiht war.

Dieser Heilige soll den Gläubigen der Umgebung in Notlagen oft geholfen haben.

Einst hatte Friedrich von Krosigk einen seiner Bauern in Verdacht, vergrabenes Geld gefunden und seinem Herrn nicht abgeliefert zu haben. Deshalb warf er seinen Untertanen ins Gefängnis. Da griff St. Petrus ein, der von der Unschuld des Bauern wußte, löste die Fesseln des Gefangenen und führte ihn aus seinem Kerker in die Freiheit.

Die Ketten aber, in die der Bauer geschlagen war, sollen noch lange im Petersbergkloster aufbewahrt worden sein.

Auch einem Schafhirten leistete er Beistand, als dessen Herr von ihm Geld erpressen wollte. Dazu hatte er den Ärmsten einer furchtbaren Folter unterzogen. Er ließ nämlich auf den nackten Rücken und das Gesäß des Hirten brennenden Speck tröpfeln. In seiner Qual rief dieser den heiligen Petrus auf dem Petersberge an und gelobte, ihm jährlich ein Spendenopfer darzubringen.

Da griff der Heilige ein und nahm dem brennenden Speck seine Wirkung. Dem Gefolterten war nun so, als ob ihm warmes Wasser den Rücken herabrinne.

Als alle, die bei der Tortur anwesend waren, sahen, daß der Gefolterte weder durch Bewegungen noch Schreie irgendeinen Schmerz bekundete, waren sie überzeugt, daß Gott ihm beistehe und daß er unschuldig sei. Sie baten den Herrn von Krosigk, den Schäfer gehen zu lassen, und das geschah dann auch.

DIE GRÄFIN UND DER PROPST VOM PETERSBERG

Im 12. Jahrhundert war ein adliges Fräulein aus einem böhmischen Geschlecht in unsere Gegend gekommen und hatte den Grafen Friedrich von Brehna geheiratet. Die Ehe mit dem jähzornigen und herrschsüchtigen Gemahl war nicht glücklich gewesen, aber sie hatte, da der Graf bald gestorben war, nicht lange gedauert.

Nun lebte Hedwig – so hieß sie – als Witwe einsam und unglücklich in ihrer zweiten Heimat, denn sie konnte sich an Land und Leute nicht gewöhnen, und auch zu ihren angeheirateten Verwandten fand sie kein gutes Verhältnis. Der einzige Mensch, der ihr Trost gab, war ihre alte Amme Borischa, die sie aus Böhmen mitgebracht hatte.

Eines Tages war sie auf der Burg Wettin zu Besuch bei ihren Verwandten, und dort traf sie den Kanonikus Eckehard wieder, den sie bereits vor Jahren, als sie einmal schwer erkrankt war, im Kloster Neuwerk bei Halle kennengelernt hatte. Er war mittlerweile Propst des Klosters auf dem Petersberg geworden. Sie war hocherfreut, einen alten lieben Bekannten wiederzusehen, und es war ihr Wunsch, daß er sie einmal in Brehna besuchen möchte.

Aber sie war nicht sicher, daß er kommen würde. Er hatte gewiß gehört, daß man von ihr, der Fremden, sagte, sie habe den Teufel im Leibe.

Hedwig war schön und leidenschaftlich, ungestüm in ihrem Wollen, aber auch hochfahrend und herrisch. Es war ihr eine Freude, auf schnellen Rossen über Land zu galoppieren.

Eckehard kam nach Brehna, aber gerade in dem Augenblick, da die Amme Borischa ihrer Herrin einen geliebten Mann geweissagt hatte und am Ende entsetzt hinzufügte: »Aber ich sehe auch Blut!«

Eckehard rügte die Gräfin, daß sie solches Teufelswerk dulde, statt sich Gott anzuvertrauen. Fortan betrachtete er es als seine Aufgabe, der einsamen Gräfin zu ihrem Seelenfrieden zu verhelfen.

Nun kam er öfter nach Brehna, um mit ihr Gespräche zu führen und sie christlich zu unterweisen und zu stärken. Es blieb jedoch nicht aus, daß die beiden allmählich eine tiefe Neigung zueinander faßten.

Eines Tages sank die Gräfin an seine Brust, er legte seine Arme um sie, und sie küßten einander leidenschaftlich.

Da fiel der Blick des Mönchs auf ein Bild des gekreuzigten Heilands, und er fühlte einen Stich durch seine Seele. Er hatte seinen Gott verraten! Er stieß die Gräfin brüsk zurück und verließ die Burg.

Im Kloster erkrankte er schwer an dem Konflikt zwischen mönchischer Pflicht und weltlicher Liebe zu dieser Frau. Am Ende siegte die Liebe, er eilte nach Brehna, fest entschlossen, sein Kloster im Stich zu lassen und sein Glück bei Hedwig zu finden. Aber sie war inzwischen zu der Erkenntnis gekommen, daß sie diesen Mann nicht an sich binden und ihn dazu verlocken dürfe, seinen Gott zu verraten. So brachte sie das Opfer und bewegte ihn zur Rückkehr in sein Kloster.

Hedwig fiel danach in eine schwere Krankheit, aber sie genas. Gleichwohl konnte sie die Liebe zu Eckehard nicht aus ihrem Herzen reißen.

Auch der Propst konnte seinen Verzicht nicht verwinden. Er war nicht zum Verräter an seinem Gott geworden, aber sein wahres Glück war untergegangen wie die Sonne am westlichen Abendhimmel. Viele Jahre gingen ins Land. Da ritt die Gräfin Hedwig eines Tages über die Felder und Wiesen, wie sie es noch immer gern tat, wenn sie ihrer inneren Unruhe nicht mehr Herr werden konnte. Am Rande eines Waldes sah sie plötzlich einen Mann in der Kutte der Augustinermönche im Kampf gegen zwei Räuber. Sie spornte ihr Pferd zu rasendem Galopp und sprengte auf die Gruppe zu. Mit ihrer Reitpeitsche schlug sie auf die beiden Wegelagerer ein, um sie zu vertreiben. Aber ehe ihr das gelang, stieß ihr einer der beiden seinen Dolch in die Brust. Sie stürzte vom Pferd und sank auf einem Baumstamm nieder.

Eckehard – denn er war der überfallene Mönch – erkannte Hedwig, eilte auf sie zu, nahm sie in die Arme und küßte die Sterbende. Sie aber konnte, ehe sie verschied, nur noch den Namen des Mannes flüstern, den sie in ihrem Leben als einzigen geliebt hatte.

DER »TOTFALL«

An der Nordostseite des Petersberges befindet sich auf halber Höhe eine steile Klippe, die der »Totfall« genannt wird.

Davon erzählt man, daß einst ein Hirtenjunge, der seine Herde täglich auf den Berg führte, sich an dieser Klippe niedergesetzt habe, um sein Vesperbrot zu verzehren. Es bestand wie immer aus Brot und Käse. Aber den Käse hatte sich der Bub übergegessen. Als er nun seine Tasche öffnete und das Gewohnte darin fand, nahm er das Brot und legte es mit den Worten neben sich hin: »Ach, du liebes Gottesgeschenk.«

Den Käse aber nahm er und warf ihn vom Berg hinab, indem er rief: »Verfluchter Käse!«

Kaum war das geschehen, stürzte der Junge selbst von der Felswand und brach sich unten das Genick. Von da an hieß die Klippe »der Totfall«.

Andere freilich wollen wissen, der Name sei aufgekommen, nachdem während des Dreißigjährigen Krieges eine feindliche Reiterschar auf dem Petersberg überrascht und in die Flucht geschlagen worden war. Sie hätten die Klippe, die von oben schwer zu sehen ist, zu spät bemerkt, die Männer hätten ihre Pferde nicht mehr anhalten können, und so wären Rosse und Reiter in die Tiefe gestürzt.

DIE GALGENSCHENKE

Hinter dem Dorfe Merbitz an der Straße nach Löbejün lag vor Zeiten ein einsames Haus, das die »Galgenschenke« hieß, weil in ihrer Nähe der Merbitzer Galgen stand.

Eines Tages kam der Schenkenwirt, der schon einiges getrunken hatte, am Galgen vorbei, an dem ein hingerichteter Verbrecher hing. In seiner weinseligen Stimmung rief der Wirt dem Gehenkten im Vorbeigehen zu: »Komm mit und leiste mir Gesellschaft. Wir wollen gemeinsam noch einen trinken.«

Als der Wirt zu Hause angekommen war und sich in der Gaststube an einen Tisch gesetzt hatte, ging plötzlich die Tür auf und herein trat der Gehenkte, so jämmerlich aussehend, wie er am Galgen gehangen hatte. Er winkte dem Wirt mit der Hand zum Zeichen, daß er herkommen und mit ihm trinken solle. Der Wirt war zu Tode erschrocken. Als kurz danach seine Frau die Stube betrat, erzählte er ihr noch alles, was sich zugetragen hatte. Bald darauf aber legte er sich nieder und verstarb.

DIE GLOCKEN VON SCHIEPZIG

Die Kirche des Dorfes Schiepzig liegt auf einer Anhöhe, an deren Fuß einst die Saale vorbeifloß.

Im Dreißigjährigen Krieg fielen die Schweden über das Dorf her, und sie stiegen auch auf den Kirchturm, um die Glocken herunterzuholen. Sie wollten daraus Kanonen gießen lassen. Das war zur Winterszeit, und die Saale war zugefroren. Als die Schweden nun mit ihrer Beute über die Eisdecke des Flusses setzen wollten, hielt diese nicht, und die Feinde sanken samt den geraubten Glocken in die Tiefe.

So wurden die beiden Glocken vor der Zerstörung bewahrt. Sie wurden später aus der Saale herausgefischt und wieder im Glockenturm der Schiepziger Kirche aufgehängt.

DIE HEXE IN DER MÜHLE

Ein Müller in der Nähe von Wettin konnte lange keinen Knecht mehr bekommen, denn alle vier Mühlknechte, die er in letzter Zeit gehabt hatte, waren in seiner Mühle gestorben, und so galt sie als verhext.

Endlich aber fand sich ein beherzter Bursche, der Dienst in der Mühle nahm.

Als der nun einmal um Mitternacht Getreide aufschüttete, schlich eine kleine schwarze Katze herbei, der bald eine größe-

re folgte. Sie funkelten den Mühlknecht tückisch an, und die eine sprach zur anderen: »Ach, wenn doch die Große erst käme.«

Bald darauf näherte sich auf leisen Pfoten eine große graue Katze, und als sie den Müllerburschen sah, sprang sie ihm mit einem Satz an seine Kehle und wollte sie durchbeißen.

Der Müllerknecht aber war nicht faul und hieb ihr mit einem Beil eine halbe Vorderpfote ab. Diese verwandelte sich zu seinem Erstaunen sogleich in einen halben Frauenarm. Die Katzen aber stoben entsetzt davon.

Am Morgen wartete der Knecht lange Zeit auf sein Frühstück. Schließlich fragte er den Müller, ob denn heute Fasttag sei. »Nein, nein«, antwortete der, »aber meine Frau ist plötzlich krank geworden und kann nicht hantieren.«

»So, was fehlt ihr denn? Vielleicht ein halber Arm?« fragte der Müllerbursche. »Ich könnte ihr einen borgen.«

Und tatsächlich fehlte der Müllerin der halbe Arm. Das Stück aber, das der Bursche besaß, paßte genau an den Stumpf.

Da erkannte man, daß die Müllerin eine Hexe war, und sie wurde auf dem Scheiterhaufen verbrannt.

DER BASILISK ZU NEUTZ

An der Südwand des Altarraumes in der Dorfkirche zu Neutz bei Wettin war einst eine verwitterte Inschrift zu lesen, die vom Pfarrer Winter aussagte: »basilisci afflatu necatus«, d. h. »durch den Anhauch eines Basilisken getötet«. Auch in der Kirchturmfahne und dem Siegel des Ortsschulzen befand sich ein Basilisk. All das ist heute nicht mehr erhalten. Nur an der Stützmauer der Kirche sieht man noch zwei Steine, von denen der eine fünfzehn Vertiefungen aufweist, während auf dem anderen noch schwach ein drachenähnliches Wesen zu erkennen ist. Davon weiß die Sage aus der Zeit des Kirchenbaues dies zu erzählen.

Als die Bauleute das Fundament legen wollten, stießen sie beim Graben auf ein greuliches Tier mit Vogelleib und Fischschwanz. Es hockte auf seinen Eiern am Ende eines Ganges, der zum Petersberg führte und durch den es Verbindung mit seinem Männchen hatte, das dort hauste.

Basilisken waren Fabeltiere, die durch ihren Blick, ihren Hauch oder durch ihre fürchterliche Stimme allen Lebewesen gefährlich werden konnten.

Das Weibchen war über diese Störung bei seinem Brutgeschäft wütend. Es fauchte die Arbeiter an, und einige von ihnen fielen sogleich tot um. Die anderen ergriffen die Flucht. Als der Pfarrer des Dorfes herbeieilte, um das Untier zu beschwören, verlor auch er durch dessen Gifthauch sein Leben.

Da war alles ratlos, was man tun könne. Erst einem Kriegsmann gelang es, das Basiliskenweibchen zu überwältigen. Er hielt ihm mit abgewandtem Gesicht, um nicht durch den Blick des Tieres versteinert zu werden, einen Spiegel vor. Da verbiß sich das Weibchen in ihn, weil es glaubte, einen fremden Artgenossen vor sich zu haben. Dabei verletzte es sich so sehr, daß ihm Blut in Strömen aus dem Halse schoß. Es schlug wild mit den Flügeln um sich, aber die Bauern faßten sich ein Herz und schlugen das Untier mit Knüppeln tot.

DIE KRÖTE VON FIENSTEDT

Vor vielen Jahren begegnete einem Hirten aus Fienstedt an drei Tagen hintereinander jedesmal, wenn er des Morgens in der Frühe seine Herde austrieb, eine Kröte, die ihn freundlich anredete und ihn bat, er möge sie küssen. Dann würde sie erlöst, und danach wolle sie ihn heiraten. Der Hirte war aber bei dem Gedanken, die Kröte zu küssen, von Ekel erfüllt, und darum verweigerte er die Erfüllung der Bitten.

Am vierten Morgen erschien ihm auf seinem Wege zur Weide eine wunderschöne Jungfrau. Sie sprach ihn an und sagte: »So wie jetzt habe ich ausgesehen, ehe ich in diese häßliche Kröte verwandelt wurde. Ich war eine Prinzessin, und wenn du mich geküßt hättest, wäre ich erlöst worden und hätte dich zum Mann genommen. Jetzt aber ist das nimmermehr möglich.«

Damit entschwand sie den Augen des Hirten, der tief betrübt zurückblieb, weil er es versäumt hatte, diese schöne Prinzessin zur Frau zu gewinnen.

DIE UNERSCHROCKENE MÜLLERSTOCHTER

Ein Müller der Ratsmühle zu Könnern hatte eine Tochter, die so groß und kräftig war, daß sie nicht nur in Haus, Garten und Feld tüchtig zupackte, sondern auch in der Mühle, so daß der Vater einen Mühlknecht einsparen konnte.

Nun waren in der Umgegend schwere Einbrüche verübt worden. In die Mühle hatten sich die Diebe zwar noch nicht gewagt, aber der Müller hielt bei Nacht stets seine Axt bereit für den Fall, daß der Hofhund Eindringlinge vermeldete.

Die Müllersleute mußten nun eines Tages dringend über Land fahren. Sie wollten ihre Tochter über Nacht nicht allein in der Mühle lassen und ihr einen zuverlässigen Mann als Beschützer stellen; aber sie lehnte das ab und meinte, sie werde schon allein mit einem Dieb fertig.

Nachdem sie am Abend nach der Abreise der Eltern Tür, Tor und Fenster verriegelt und verrammelt hatte, legte sie sich früh zu Bett. Um Mitternacht aber wurde sie durch wütendes Bellen des Hundes aus dem Schlaf gerissen.

Im Schein des Mondes sah sie, daß der Hund nach dem südlichen Tor der Mühle lief. Sollte dort jemand in die Mühle einzudringen versuchen? Aber sich an dieser Stelle zu postieren, hielt sie für überflüssig. Ihr scharfer Hund würde einem Einbrecher schon einen heißen Empfang bereiten. Auch sonst bot sich von dieser Seite keinem die Möglichkeit, in die Mühle einzusteigen.

Plötzlich fuhr es der Müllerstochter durch den Kopf: die Maueröffnung, durch die die Welle des Mühlrades ins Innere des Gebäudes führte! Bei dem augenblicklich geringen Wasserstand der Fuhne war das Mühlrad so tief gesenkt, daß man über diese Welle Eingang in die Mühle finden konnte. Hier war die schwache Stelle, und sogleich begab sich das

Mädchen, mit der Axt des Vaters bewaffnet, zu diesem Wellloch.

Und tatsächlich, bald zeigte sich in der Maueröffnung ein dunkler Schatten, der langsam näher kam. Dann erkannte sie auf der Mühlwelle einen Kopf, und kurz entschlossen schlug sie mit ihrer Axt zu – und der Kopf rollte.

Schnell zog sie den Rumpf in das Mühleninnere und wartete der Dinge, die da kommen sollten.

Bald hörte sie von draußen jemand flüstern: »Bist du drin?«

Mit verstellter Stimme antwortete das Mädchen: »Ja.«

Da schob sich ein neuer Kopf hinein, und wiederum hieb sie zu und schaffte den toten Körper beiseite. Das wiederholte sich noch neunmal. Der zwölfte der Männer aber, der Verdacht geschöpft hatte, steckte den Kopf nur halb herein und fragte, bevor er einstieg, nach dem Kennwort. Das kannte die Müllerstochter nicht, und so schwieg sie. Das machte den Eindringling stutzig, und er wollte sich zurückziehen. Aber das Mädchen hatte bereits zum Schlag mit der Axt angesetzt. Sie traf ihn nicht voll, sondern hackte ihm nur ein Ohr ab, wie sie am andern Morgen feststellte. Denn keinem der elf Erschlagenen fehlte ein Ohr; es mußte also vom zwölften Mitglied der Bande stammen.

Der überlebende Dieb machte sich aus dem Staube, denn das Mädchen hörte, nachdem es zugeschlagen hatte, eilige Schritte über die Holzbrücke vor dem Mühlrechen, und als danach Ruhe eintrat, war sie sicher, daß der zwölfte der letzte der Einbrecherbande gewesen war.

Sie fürchtete aber, daß dieser zurückkehren und sich rächen könnte, und so schleppte sie Kleiesäcke vor die Maueröffnung und übergoß sie vorsichtshalber mit Wasser, damit er nicht etwa einen Feuerbrand in die Mühle schleudern könne.

Danach setzte sie sich erschöpft in die Küche und dachte über das entsetzliche Geschehen der Nacht nach. Ihr Gewissen plagte sie, ob sie recht gehandelt habe, die elf Einbrecher auf der Stelle gleich alle hinzurichten. Sie fürchtete, als Massenmörderin verfemt zu werden.

Unter solchen quälenden Gedanken schlief sie endlich am Tische ein, und als sie erwachte, war es bereits heller Tag.

Es dauerte auch nicht lange, da vernahm sie freudiges Hundegebell, und sie schloß daraus, daß ihre Eltern früher als gedacht heimgekehrt seien.

So war es denn auch. Die Mutter hatte auf unverzügliche Heimkehr gedrängt, weil ihr nichts Gutes schwante.

Die Tochter berichtete nun alles, was sich ereignet hatte, und die Eltern waren entsetzt. Aber sie waren auch beglückt, eine so beherzte Tochter zu haben. Der Vater holte sogleich den Schulzen, den Stadtrichter, den Arzt und den Stadtschreiber zur Aufnahme eines Protokolls herbei, und nach Prüfung des Sachverhalts wurde die Müllerstochter für unschuldig erklärt.

Von den Einwohnern Könnerns und der Umgebung wurde sie gelobt, daß sie diese Räuberbande unschädlich gemacht hatte, durch die in der Gegend schon viel Unheil angerichtet worden war.

Die tapfere Tat der Müllerstochter brachte ihr jedoch auch einen Nachteil. Es wollte sich nämlich kein Freier einstellen. Wer hätte sich schon gern mit einer Frau eingelassen, die innerhalb einer Viertelstunde elf Männer geköpft hatte?

Außerdem hatte der Vater geäußert, er werde seine Tochter nur einem tüchtigen Müller zur Frau geben.

Eines Tages nun lernte die Tochter des Ratsmüllers auf einem Tanz in Könnern einen feinen Herrn kennen, der sich als Sohn eines Mühlenbesitzers ausgab. Er machte ihr den Hof, wurde von ihren Eltern am Sonntag eingeladen und fuhr dazu in einer prächtigen Kutsche vor.

Nach dem Essen fragte der Jüngling, ob er mit seiner Angebeteten nicht eine Kutschfahrt durch die Umgebung machen dürfe, und der Vater hatte dagegen nichts einzuwenden.

Sie fuhren in Richtung des Dorfes Bebitz davon.

Der Jüngling trug sehr langes Haar, und dieses wurde während der Fahrt von einem Windstoß zurückgeweht. Dabei erkannte die Müllerstochter, daß ihrem »Verehrer« das rechte Ohr fehlte, und sogleich wußte sie, daß sie den zwölften der Räuber vor sich hatte, der sich an ihr rächen wollte.

Als sie in Bebitz einfuhren, schlug sie vor, im Gasthof eine kleine Rast einzulegen, denn sie werde von Durst geplagt.

Die Wirtsleute aber, die sie kannte, bat sie darum, schnellstens einige starke Männer herbeizuholen, die ihren Begleiter überwältigen sollten.

Das taten sie auch, und nach langem Verhör gestand der Einohrige schließlich, der Hauptmann der Räuberbande zu sein, die lange Zeit in der Umgegend ihr Unwesen getrieben und auch den Überfall auf die Ratsmühle ins Werk gesetzt hatte. Und so wurde auch er noch seiner gerechten Strafe zugeführt.

NACHWORT

»Die Sage raunt ...«, konnte man früher zuweilen lesen. Was sollte das heißen? Warum berichten Sagen »geheimnisvoll flüsternd oder murmelnd« (was dieses Wort ja bedeutet) und nicht frei heraus im Tone von »So war es und nicht anders.« Sind sich Sagen ihrer Sache nicht sicher?

Mit dieser Frage kommen wir dem Wesen der Volkssage (und um die allein geht es uns in diesem Band) schon einigermaßen nahe. Diese ist eine Erzählform, die sich in weit zurückliegenden Jahrhunderten im Volke gebildet hat und über die Zeiten von Mund zu Mund weitergegeben worden ist.

Nur selten sind Volkssagen schriftlich aufgezeichnet worden, meist hie und da als Einsprengsel in alten Chroniken, wo deren Verfasser sie manchmal benutzt haben, um Lücken in ihrer Darstellung zu schließen, wenn die eigentlich historischen Quellen versagten.

Literarisches Interesse brachte man den Sagen erst im Zuge der romantischen Bewegung zu Beginn des 19. Jahrhunderts entgegen. Da wurde all das interessant, was man mit dem Namen »Volkspoesie« faßte, und fortan sammelte man die mündlich umlaufenden Volkssagen und veröffentlichte sie, um dieses wertvolle Gut von Volksdichtung vor dem Vergessen zu bewahren.

Am Anfang dieser Bestrebungen standen die Brüder Grimm, denn ihnen verdanken wir nicht nur die »Kinder- und Hausmärchen«, sondern sie gaben 1816/18 auch »Deutsche Sagen« heraus. Sie sind das Vorbild für zahllose Sagensammler in allen deutschen Landen geworden, die durch ihre fleißige Arbeit wesentlich dazu beigetragen haben, daß uns noch viele Sagen bekannt sind.

Die Betonung der Landschaft im Sagenzusammenhang hat seinen besonderen Grund. Sagen sind nämlich – anders als die Märchen – in einer bestimmten Gegend oder an einem bestimmten Ort zu Hause, während das Märchen in einer Art geographischem Niemandsland angesiedelt ist und überall und nirgends spielen könnte.

In unserer Gegend wird also erzählt von der Entdeckung der Salzquellen in Halle und vom Saalaffen, von der steinernen Jungfrau bei Dölau, dem Nix von Kröllwitz, dem Müllergrab zu Böllberg usw. – und alle diese Örtlichkeiten sind uns vertraut. So weht uns aus den Sagen ein heimatlicher Hauch an, und die Brüder Grimm hatten recht, als sie schrieben, die Sagen der Heimat seien für einen Menschen eine »wohltätige Begleitung« im Leben, und das werde ihm erst dann so recht bewußt, wenn er die Heimat verläßt und anderswohin kommt, wo anderes erzählt wird.

Sagen knüpfen meist an etwas real Vorhandenes an, einen Berg, Fluß oder Ort, an ein Gebäude, ein Bildnis, ein Wappen, einen Namen o. a., und sie erzählen, was es mit diesem oder jenem für eine besondere Bewandtnis hat. Daraus entsteht dann die heimatliche Färbung der Volkssage.

Zuweilen wollen Sagen auch Erklärungen für rätselhaft Scheinendes geben, z. B. warum so viele Findlinge in dem flachen Land um den Petersberg anzutreffen sind, worauf das Wahrzeichen der Stadt Halle (der Esel, der auf Rosen geht) oder das hallische Stadtwappen (Mond und Sterne) zurückgehen.

Was dabei erzählt wird, ist nun keineswegs verbürgte historische Wahrheit, selbst wenn es zuweilen ganz einleuchtend klingt. Vielmehr hat die Volksphantasie sich ausgedacht, wie es wohl gewesen sein könnte, unbekümmert um die Darlegungen der Historiker, deren Ziel es stets sein muß zu zeigen, wie es in der Vergangenheit *wirklich* gewesen ist. Sage ist also weitgehend volksmäßige Ausdeutung und dichterische Gestaltung bestimmter Erscheinungen.

Es gibt unter den Sagen freilich auch solche, die nicht auf »Erklärung« aus sind, sondern die ihren Ursprung dem Volksglauben an überirdische Wesen (Nixen, Kobolde) verdanken, und zu ihnen wird natürlich auch der Teufel gezählt. Er ist sozusagen der Nachfolger der alten Heidengötter geworden, die unsere Vorfahren verehrten – häufig auf Bergen wie dem Ochsenberg in Kröllwitz, dem Giebichensteiner Felsen, dem Petersberg –, ehe sich das Christentum in unseren Landen ausbreitete.

Kobolde spielen in den Sagen vor allem in der Umgebung des Petersberges eine Rolle, und das wird damit zusammenhängen, daß diese Wesen nicht nur als Herd- und Hausgeister, sondern auch als Berggeister angesehen wurden, vor allem in Gegenden, in denen Bergbau getrieben wurde, wie am Petersberg.

Andererseits sind Halle und sein Umland mit Gewässern gesegnet, und so verwundert es nicht, daß die Nixensagen reich vertreten sind. Wenn über den Wassern die Nebel lagen, konnten die Menschen schon glauben, geheimnisvolle Gestalten mit langem Bart oder wallenden Haaren erblickt zu haben.

Denn auch subjektive Wahrnehmungen, Erlebnisse und Angsterfahrungen der Menschen in der Natur, die man mit guten und bösen Geistern erfüllt glaubte, konnten Sagen hervorbringen. Man wußte sich manches nicht zu erklären, z. B. wenn zuzeiten an einer bestimmten Stelle ein unheimliches Heulen zu hören war, das wie Wehklagen klang, in Wahrheit aber vom Wind erzeugt wurde. Wenn im Herbst und Winter die Stürme über das Land fegten, Bäume umwarfen und Dächer beschädigten, so glaubte man, die »wilde Jagd« sei losgebrochen. Solche Ereignisse verbanden sich mit abergläubischen Vorstellungen oder Überlieferungen von Göttern und überirdischen Wesen aus heidnischer Vorzeit.

Da wurde die »wilde Jagd« mit dem obersten Gott der Germanen, Wodan, in Verbindung gebracht, und auch hinter der Gestalt der Frau Harke/Holle steht eine Gottheit aus vorchristlicher Vergangenheit. So konnten sich leicht Elemente zusammenfügen, aus denen dann Volkssage hervorging.

Schließlich haben Naturereignisse, Kriege, Seuchen, Mordfälle, einzelne Personen und ganze Personengruppen oder historische Persönlichkeiten zur Sagenbildung beigetragen.

Daß in den Sagen der alten Salzstadt Halle die Salzwirker (Halloren) einen besonderen Platz einnehmen, bedarf keiner Erklärung, verdient jedoch Hervorhebung.

Überraschen mag es den Kenner älterer Literatur, daß der Schalk Eulenspiegel sein Unwesen in Halle getrieben haben soll. In der dritten Historie des Schwankbuches heißt es nämlich nur, sein Vater sei mit ihm »in das Magdeburgische Land an der Saale gezogen«, aus dem Eulenspiegels Mutter stammte. Von der Stadt Halle ist keine Rede, ja es heißt sogar, nach dem Tode des Vaters lebten Mutter und Sohn in einem Dorfe.

Die Sage will jedoch wissen, daß der Erzschelm seine Seiltänze in der Stadt Halle vollführt habe, obgleich im Volksbuch wiederum nur steht, seine Mutter habe in einem Haus gewohnt, dessen Hof direkt an die Saale grenzte. Das war zu verführerisch, um nicht in Halle lokalisiert zu werden, und so siedelte man diese Begebenheit auf dem Strohhof an, der den Salzsiedern als Lagerplatz für ihr Brennmaterial diente und westlich der Gerbersaale lag.

Wo Eulenspiegel sein Seil auf der anderen Saaleseite festgemacht hat, erwähnt das Volksbuch wohl, nämlich an einem anderen Haus, das dem mütterlichen Hinterhaus auf der anderen Saaleseite gegenüberlag. Aber da stand in Halle die

Hallmauer, und so bot es sich an, das Seil an einem Mauerturm zu befestigen.

Dieses Beispiel ist geeignet, einen kleinen Einblick in Entstehung von Sage zu geben.

Ein Wort noch zu den grausamen Sagen vom Einmauern lebendiger Menschen. Hier liegt wohl eine phantasievolle Übersteigerung dessen vor, was im Mittelalter tatsächlich geübt wurde. Aber man mauerte damals lebende Tiere ein in dem Glauben, daß ein Bau dadurch unzerstörbar werde. Solche »Bauopfer« (Hunde, Katzen) sind ja in historischen Gemäuern vielfach gefunden worden.

Sagen enthalten in der Regel keine erzieherische Tendenz, aber manchmal steckt in ihnen doch so etwas wie eine Lehre. So mahnt die steinerne Jungfrau, das tägliche Brot zu ehren, und das hallische »Haus zu den drei rauhen Kindern« zu geschwisterlicher Liebe und Eintracht.

Es ist schon gesagt worden, daß Sagen jahrhundertelang in mündlicher Tradition gelebt haben. Unzählige Generationen haben sie aber nicht nur weitererzählt, sondern oft auch verändert und ausgeschmückt, haben neue Erzählmotive hineingetragen (zuweilen sogar aus dem Märchen), und das hat nicht selten dazu geführt, daß eine Sage in zwei oder drei verschiedenen Fassungen erzählt wird. Hieran zeigt sich die schöpferische Volksphantasie vergangener Zeiten.

Ein anderes Zeugnis dafür ist es, daß die Sage vom Müllergrab (siehe S. 86) in ein strophenreiches »Böllberger Müllerlied« umgegossen wurde, das man noch im vorigen Jahrhundert in Halle gesungen hat.

Unsere Auswahl enthält zunächst Sagen aus der Stadt Halle. Aber es schien nicht geraten, das außer acht zu lassen, was man sich vor Zeiten auch außerhalb ihrer Mauern erzählte. Heute sind zwar mehrere ursprüngliche Dörfer durch Eingemeindung Bestandteil des Stadtkreises geworden, aber zum Umland unserer Stadt gehört letztlich auch der Saalkreis. Er war seit dem frühen Mittelalter mit Halle verbunden und orientierte sich auch weitgehend nach der Stadt; beide unterstanden nämlich dem Erzbistum Magdeburg, und sie bildeten zusammen ein kleines Territorium. So sind denn auch die wichtigsten Sagen aus dem Saalkreis in diesen Band aufgenommen worden.

Was die Erzählweise der Sagen angeht, so wäre noch einmal an die Brüder Grimm zu erinnern, die im Blick darauf von der »Armutseligkeit« dieser Gattung gesprochen haben. Das soll heißen, die Volkssage ist vornehmlich stoff- und weniger forminteressiert. Ihr kommt es vor allem auf den Inhalt an und nicht so sehr auf poetische Gestaltung oder gar dichterisches Auszieren, wie es sich bei Sagenerzählern seit dem 19. Jahrhundert nicht selten findet. Man wird der Gattung Volkssage nur dann gerecht, wenn man sie sprachlich schlicht erzählt.

Den Kindern mögen die Märchen eine liebe Erzählform sein; den Jugendlichen ist vielleicht die Sage gemäßer und willkommener. »Die Sagen«, schrieb Wilhelm Grimm in einem Brief vom 4. September 1815 einmal, »haben auch ihr Schönes, wiewohl sie im Ganzen poetisch nicht so reich sind wie die Märchen«. Und in seiner bildhaften Art zu reden, fügte er hinzu: »Ich möchte sagen: die Märchen gleichen den Blumen, diese Volkssagen frischen Kräutern und Sträuchern, oft von eigentümlichem Geruch und Hauch.«

ERLÄUTERUNGEN

Salzkoten Siedehäuser der Salzwirker

Halloren Name der Arbeiter im hallischen Salinebetrieb

Sole salzhaltiges Quellwasser

»Han mer hüte . . . in Halle sprach man einst niederdeutsch; literatursprachlich bedeutet der Spruch: »Haben wir heute Wasser und Holz (zum Versieden der Sole), werden wir morgen Silber und Gold (aus dem Erlös des Salzes) haben.«

Dreikönigstag 6. Januar

Pfännerschaft die seit 1276 urkundlich bezeugte Innung der Unternehmer, die die hallischen Salzquellen als Pächter betrieben und die Halloren als Lohnarbeiter beschäftigten

»Frieden gent ick . . .« »Frieden gebe ich, Freiheit gewähre ich, Recht verbürge ich, Missetat bestrafe ich«

Hohe Brücke eine Steinbrücke, über die einst die Straße von Halle nach Westen über die Saale führte

Salzwirkerbrüderschaft die Gesamtheit der hallischen Salzsieder, die sich 1524 zu einer Organisation zusammengeschlossen hatten, um als Lohnarbeiter ihre Rechte gegen die Salzherren (Pfänner) besser durchsetzen zu können

preußische Zeit Halle war im Jahre 1680 an das Kurfürstentum Brandenburg gefallen, das sich 1701 zum preußischen Staat entwickelte

acht böse Männer die Bezeichnung erklärt sich wohl daraus, daß sie dieses wenig angesehene Amt des Leichenbestattens übernommen haben

Abendmahl feierliche Handlung im Gottesdienst, bei der Brot und Wein gereicht werden zur Erinnerung an das letzte Mahl, das Jesus vor seinem Kreuzestod mit seinen Jüngern hielt; es gilt den Gläubigen als Zeichen ihrer Verbundenheit mit Christus

Hostie Bezeichnung für das ungesäuerte Brot bei der Meßfeier oder dem Abendmahl; es »bedeutet« den Leib Christi

Talamt Gebäude, das am Hallmarkt stand (1464 erbaut, 1882 abgerissen) und in dem über den Salinebereich Gericht gehalten wurde, in dem aber auch Beratungen und festliche Veranstaltungen (z. B. Hochzeiten) stattfanden und darin die Halloren ihre Urkunden, Schwerter und Fahnen aufbewahrten. – Die Fassade des heutigen Moritzburgmuseums (1902/04) wurde dem einstigen Talamt baulich nachgestaltet.

»Gloriosa« deutsch: die Ruhmreiche

Nymphe überirdisches weibliches Wesen in Bächen, Flüssen oder Quellen

Prozession feierlicher Umzug der katholischen Geistlichkeit und des Volkes

Reformation große religiöse Volksbewegung, die Martin Luther ausgelöst hat und die zur Trennung der evangelischen (ihre Anhänger wurden später Protestanten genannt) von der römisch-katholischen Kirche geführt hat

Patrizierin Angehörige der vornehmen städtischen Familien, aus denen die Ratsmitglieder gewählt wurden

Reliquien Überreste von Heiligen (Gebeine, Kleider u. a.)

Kruzifix bildliche Darstellung des gekreuzigten Christus

Totenmesse in der katholischen Kirche: Messe zum Heil der Seele eines Verstorbenen

Neumarkt Siedlung, vor der Stadtmauer nördlich der Großen Ulrichstrasse gelegen

Ehrenbankett Festmahl zu Ehren einer hohen Persönlichkeit oder einer Personengruppe

elbische Wesen überirdische Gestalten, von denen unsere Vorfahren glaubten, sie stünden zwischen den Menschen und den Göttern

Hamstertor einst ein Tor der südlich vor Halle gelegenen Siedlung Glaucha (heute noch Straßenname)

Hausmannstürme Bezeichnung der beiden Osttürme der hallischen Marktkirche (weil auf ihnen der »Hausmann«, d. h. der Türmer und Wächter, wohnte).

Gerbersaale Saalearm, der an der westlichen Stadtmauer entlangfloß (heute überbaut, Hallorenring)

Schoßkelle Gestell, das sich vorn (als Kutschersitz) oder hinten (als Gepäck- oder Heuhalter) an den Pferdewagen befand

Walz Wanderzeit von Handwerksburschen, die früher bei verschiedenen Meistern gearbeitet haben mußten

Zwölfnächte die Nächte zwischen Weihnachten und dem Dreikönigstag (6. Januar)

Avemaria katholisches Mariengebet (»Sei gegrüßt, Maria«). Es enthält (nach seiner heutigen Form) 42 (oder 43) Wörter. Die List des Mönchs bestand darin, daß er nur die Eingangsworte »Ave Maria« und das abschließende »Amen« sagte

Johannisnacht Nacht des Johannistages (24. Juni)

Deutscher Orden Ritterorden, der 1190 während der Kreuzzüge in Palästina ursprünglich zur Krankenpflege der Kreuzfahrer gegründet wurde. Seit dem Beginn des 13. Jahrhunderts ließ er sich auch in Europa nieder und wurde im Dienste der Ausbreitung des Christentums (auch mit Waffengewalt) tätig.

Kumanen Volksstamm, der nördlich des Schwarzen Meeres und im Karpatenraum siedelte (von den Russen Polowzer/Polowetzer genannt)

Hussiten Anhänger des tschechischen Reformators Jan Hus (1369–1415), die Kriegszüge bis in unsere Gegend unternahmen

LITERATUR

Olearius, Gottfried
Halygraphia Topo-Chronologica oder Ort- und Zeitbeschreibung der Stadt Halle in Sachsen, Leipzig 1667
Halygraphia aucta et continuata, Halle 1679

Dreyhaupt, Johann Christoph von
Pagus Neletici et Nudzici oder Ausführliche diplomatisch-historische Beschreibung des . . . Saalkreises und aller darinnen befindlichen Städte . . . insonderheit der Städte Halle, Neumarkt, Glaucha, Wettin, Löbejün, Cönnern und Alsleben
Theil I und II, Halle 1749/50

Sommer, Emil
Sagen, Märchen und Gebräuche aus Sachsen und Thüringen
Halle 1846

Grässe, J. G. Theodor
Sagenbuch des Preußischen Staates Band I, Glogau 1868, S. 298 ff.

Büttner, Franz, Pfänner zu Thal
Aus der Heimat. Sagen und Märchen der Halloren
2. verm. Aufl. Leipzig 1889

Kalender für Ortsgeschichte und Heimatkunde von Halle und dem Saalkreis, Halle 1896–1929

Hallischer Kalender, Halle 1909–1915/16

Heimatkalender für Halle und den Saalkreis Halle
1919–1932

Schultze-Galléra, Siegmar Baron von
Die Sagen der Stadt Halle und des Saalkreises, Halle 1922

Ammendorfer Sagen, erzählt von Otto Schroeter
2. Aufl. Halle 1929

INHALTSVERZEICHNIS

ISBN 3-7421-0284-2

1. Auflage 1989

Lizenz-Nr. 360-500/76/89
Printed in the GDR
Satz: Druckerei Fortschritt Erfurt
Druck: Druckhaus Weimar
Buchbinderische Verarbeitung:
VOB Buchbinderei Südwest, Leipzig
Einband: Dieter Gilfert
Typografie: Klaus Nitsch
LSV 7518
Für Leser von 10 Jahren an
Bestell-Nr. 788 686 5
00650